Vom Ameisenfresser über den Bandwurm, den Brüllaffen und den Lämmergeier, Ochsenfrosch, Predigeraffe, Rüttelfalke, Schweinsfisch und Warzenschlange bis hin zum Wendehals und zum Zitterrochen hat sich Eugen Roth auf seine unnachahmliche humorvolle und augenzwinkernde Weise in seinem berühmten ›Tierleben‹ der Tierwelt angenommen, dem der Verhaltensforscher Konrad Lorenz darüber hinaus »geradezu erstaunlichen« naturwissenschaftlichen Wahrheitsgehalt bescheinigte.
Zum großen Reiz dieses Bandes tragen nicht nur Eugen Roths heitere Verse bei, sondern auch die liebevoll-ironischen Zeichnungen von Rotraut Susanne Berner.

Eugen Roth wurde am 24. Januar 1895 in München geboren und ist dort im April 1976 gestorben. Er war der Sohn eines bekannten Journalisten. Nach dem Gymnasium 1914 Kriegsfreiwilliger; vor Ypern schwer verwundet. Angehöriger der Jugendbewegung. 1921 vertreten in Rudolf Kaysers Anthologie junger Lyrik ›Verkündigung‹. Beziehung zu Klabund. Nach dem Studium der Germanistik, Philosophie, Kunstgeschichte und Geschichte in München 1922 Dissertation bei Fritz Strich über ›Das Gemeinschaftserlebnis des Göttinger Dichterkreises‹; 1927 bis 1933 Lokal- und Feuilleton-Redakteur der ›Münchner Neuesten Nachrichten‹. Nach der nationalsozialistischen Machtergreifung »fristlos entlassen«; seit 1933 freier Schriftsteller in München. 1963 Mitglied der Bayerischen Akademie der Schönen Künste. Mit dem Gedichtband ›Ein Mensch‹, 1935, setzte die ungewöhnliche Popularität Eugen Roths, die Sprichwörtlichkeit seiner Verse und eine Erfolgskette weiterer humoristischer Bücher ein.

Im Fischer Taschenbuch Verlag sind von Eugen Roth neben dem vorliegenden Band erschienen: ›Ein Mensch‹ (Bd. 12083), ›Mitmenschen‹ (Bd. 12082), ›Sämtliche Werke in 8 Bänden‹ (Bd. 12085) und ›Eugen Roths Geburtstagsbuch‹ (Bd. 12081).

Eugen Roths Kleines Tierleben

Mit Bildern von
Rotraut Susanne Berner

Fischer Taschenbuch Verlag

Veröffentlicht im Fischer Taschenbuch Verlag GmbH,
Frankfurt am Main, Januar 1995

Lizenzausgabe mit Genehmigung des
Carl Hanser Verlags München Wien

Druck und Bindung: Clausen & Bosse, Leck
Printed in Germany
ISBN 3-596-12084-5

Gedruckt auf chlor- und säurefreiem Papier

Kleines Tierleben

Zum Geleit

Im Anfang, wie es bibelklar
Geschrieben steht, der Logos war.
Das Zoon kam sodann, das Vieh:
Und so entstand Zoologie.
Die lernt man heute sehr bequem,
Seit sich der hochgeschätzte Brehm
Bemüht hat, die zu viel gewordnen
Verschiednen Tiere neu zu ordnen.
Leicht werdens einsehn die Verständigen:
Zehn Bände braucht' er, sie zu bändigen.

Auch Roths Tierleben ward gerühmt –
Doch sagten viele unverblümt,
Zum Lesen nicht noch Zahlen willig:
»Wir möchtens lieber kurz und billig!«
Ich habe, solchem Wunsch verpflichtet,
Das Buch gekürzt und umgedichtet.

Der Leser, traurig, aber wahr,
Ist häufig unberechenbar:
Hat er nicht Lust, hat er nicht Zeit,
Dann gähnt er: »Alles viel zu breit!«

Doch wenn er selber etwas sucht,
Was ich, aus Raumnot nicht verbucht,
Wirft er voll Stolz sich in die Brust:
»Aha, das hat er nicht gewußt!«
Man weiß, die Hoffnung wär zum Lachen,
Es allen Leuten recht zu machen.

Wie stehn zum Tiere nun die Menschen,
Besonders wir, die abendländschen?
Die Erde wird stets öder, glätter
Und gar der Allerwelts-Großstädter
Tut mit dem Tier sich heute schwer:
Er kennt es kaum in Freiheit mehr.
Der Mensch, entfremdet der Natur,
Steht selbst sich gegenüber nur.
Dafür sieht er im Buch, im Bilde,
Im Farbenfilm das Tier, das wilde,
Und weiß von all den Bestien mehr
Als vor ihm wußte irgendwer.
Was noch so selten, zeigt der Zoo.
Und doch, wir werden nicht recht froh;
Erleben wir doch nur am Rand
Dies alles und aus zweiter Hand.
Ach, es ersetzt uns kein Bestseller
Die kleinste Maus im eignen Keller –

Was für dies Buch genau so gilt:
Es bietet auch nur Wort und Bild.

Noch lebt im Volksmund, ernst wie heiter,
Das Tier in Redensarten weiter
Und wer den Nächsten haßt und liebt,
Ihm eines Tieres Namen gibt,
Vergleicht mit Büffel ihn und Zecke,
Mit Lamm und Maus, mit Spatz und Schnecke.
Dies Tierbuch selbst, geheim verwandelt,
Vom Menschen letzten Endes handelt.
Nun stellt der Fachmann fest, natürlich,
Daß dies Vergleichen ungebührlich
Und daß das Tier für sich allein
Will als Geschöpf betrachtet sein.
Er fordert, daß vom krausen Irrtum
Bezüglich Menschentum und Tiertum
Man endlich sich entschlossen löse,
Als wär der Wolf im Herzen böse,
Der Esel faul, die Schlange schlecht. –
Nun, meinetwegen hat er recht!
Und doch – die alten Glaubensreste
Erscheinen oft noch als das beste,
Was aus der fernen, düsterfrommen
Vergangenheit auf uns gekommen,

Wo noch beschwörend die Schamanen
Im Tier Dämonen sahn und Ahnen,
Wo es ein Gott ward in Ägypten
Und wo in den romanischen Krypten
Vor tausend Jahren Menschenhand
Es magisch in den Stein gebannt.

Ists denn nicht ganz belanglos, ob
Als Zoolog besteht Äsop,
Ob unsre großen Tiererzähler
Rein wissenschaftlich voller Fehler –
Lebt doch in aller Dichtung dies
Erinnern an das Paradies,
Wo Mensch und Tier sich glücklich fanden,
Ja, ihre Sprache selbst verstanden.
Noch heute spricht dem Pferd, der Kuh,
Dem Hund der Bauer menschlich zu
Und fürchten würde er sich Sünden
Zu sagen, daß sies nicht verstünden.
Der Stadtmensch noch folgt innerm Triebe
Und glaubt, der Star pfeift ihm zuliebe.
Laßt gelten – seid nicht allzu klug! –
Vom Tier zum Menschen den Bezug!
Aut delectare aut docere
Volut poetae: meine Ehre

Will gleicherweis ich darein setzen,
Euch zu belehren und ergetzen.
Die Möglichkeit ergreife gerne
Ein jeder, daß er spielend lerne
Und wiederhol, was halb und halb
Er schon gewußt von Bär und Kalb,
Von Elefanten, Mücken, Fischen. –
Es schadet nie, was aufzufrischen.
Und stets denkt, daß das Schwergewicht
Liegt auf dem Worte: Lehrgedicht.
Sucht nicht um jeden Preis den Witz!
Und – lests nicht gleich auf einen Sitz:
Dann wird die Gabe, die ich bot,
Euch wohl gefallen!

Eugen Roth

Die Affen

Gott schuf, so weit die Bibel gilt,
Den Menschen als sein Ebenbild.
Und sie erzählt nun ziemlich lange
Vom Paradies, von Apfel, Schlange,
Erbsünde, Sintflut und Messias.
Die Forschung aber sucht im Trias
Und späterhin im Tertiär,
Ob nicht darin zu finden wär
Das lang gesuchte Bindeglied,
Aus dem es auch der Blinde sieht,
Daß wir, vermeintlich Gottes Kind,
Nur ganz gemeine Affen sind.

Die Wissenschaft setzt an die Hebel
Beim Urschleim und beim Urweltnebel

Und liegt ihr irgendwas verquer,
War alles halt noch länger her.
Denkt man sich eine Weltzeit-Uhr,
So lebt der homo sapiens nur
Von vollen vierundzwanzig Stunden
Auf dieser Erde fünf Sekunden –
Davon schon vom Neandertaler
Vier bis zum ersten Steuerzahler!
Wie aber kam das Menschen-Vieh
So rasch zur Neunten Sinfonie,
Zum Faust, zu Kant, zur Himmelskunde
In einer einzigen Weltsekunde?
Wie sollte man da Brücken schaffen,
Wo noch so große Lücken klaffen?

Wohl steht geschmiert von Kinderhand:
»Du bist ein Aff!« an jeder Wand,
Wohl macht uns die Erkenntnis baff,
Daß, wer kein Bargeld hat, ein Aff,
Und doch – selbst wenn wir überzeugt,
Der Mensch sei auch ein Tier, das säugt –
Paßt uns die ganze Sache schlecht:
Wer weiß, die Bibel hat doch recht,
Die sich nicht einläßt mit dem Affen
Und sagt: Der Mensch ist gottgeschaffen.

Es lebt der Affe (simia)
In Afri- und Amerika,
In Asien auch, dort, wo's nicht kalt;
Und meistenteils haust er im Wald.
Von Früchten nährt sich dieser Schlecker,
Der Affenbrotbaum ist sein Bäcker.

Wir glauben, ihn verlange sehnlich,
Daß er uns Menschen sähe ähnlich:
Mehr scheint es, daß er uns verachtet,
Wenn er uns *unverwandt* betrachtet.

Die Menschen werden auf der Welt
In Massen billig hergestellt;
Jedoch für äußerst kostbar gelten
Die Menschenaffen: sie sind selten!

Und alle Welt ist darum froh,
Hält sich der Aff gesund im Zoo.

Daß er sich Menschenfrauen raubt,
Hat vom Gorilla man geglaubt.
Nicht nötig hätt ers hierzulande,
Wo doch – oh, welche Affenschande! –
Die Weiber, denn das Weib ist schwach,
Selbst laufen jedem Affen nach.

Gorillas kann man bloß entdecken
In Afrika, wo weite Strecken,
Am Kongo beispielsweise, nur Wald
Und selbstverständlich lauter Urwald.
Der freilich wiederum bezweckt,
Daß man Gorillas nicht entdeckt.

Der bis zwei Meter hohe Affe
Hat eine fürchterliche Waffe
In seinem mächtigen Gebiß,
Das weit mehr als bei uns im Miß-
Verhältnis steht zum kleinen Hirn.
Er hat drum eine niedre Stirn;
Und diese zeigt er meist gerunzelt.
Oft ist er auch vergnügt und schmunzelt,
Doch für gewöhnlich schaut er traurig –
Und grunzt dazu ganz laut und schaurig –
Von wildem Affenblut durchpulst
Mit ungeheurem Augenwulst.

Es fangen andre grad so gut, an
Die Reihe mit dem Orang-Utan,
Der heut noch lebt auf Borneo,
Auf Java, Sumatra und so.
Er gilt als Mensch und könnte sprechen,
Wollt er nur selbst sein Schweigen brechen,
Was ihm, dem Schlaukopf, nicht behagt:
Gleich heißts sonst, er hätt was gesagt.
Wie der Gorilla fast herkulisch,
Könnt dienen, ausgebildet, schulisch,
Er leicht, bei *der* Beschaffenheit,
Dem Wohl der ganzen Affenheit.

Wie manche auch von uns, als Kind,
Noch nett und menschenähnlich sind
Und werden später Attentäter,
Unmenschen und Kommerzienräter,
Sinkt auch der Affe immer tiefer;
Zum Schluß ist er fast nur noch Kiefer.

Zu unsrer Menschenaffen Sippen
Zählt man Schimpansen noch und Gibbon.
Der eine lebt in Afrika,
Wo ein Herr Tulp zuerst ihn sah:
Der andere macht Bauchaufschwünge
Und dreizehn Meter weite Sprünge
In Indien, Siam weiland, Thailand
Und manchem nächstgelegnen Eiland.

Bis hierher gehn Anthropoiden
Von denen deutlich unterschieden
Nicht gänzlich, so doch schwänzlich muß
Nun sein der Cercopithecus;
Nicht Meer, nicht Katz, nicht artig zwar:
Meerkatzenartig heißt die Schar.
Was es, beliebt und unbeliebt,
In Afrika und Asien gibt,
Husarn, Makaken und Mangaben,
Schlank-, Stummel-, Nasenaffen haben
In der Familie alle Platz –
Der Hundsaff selbst gilt hier als Katz.

Wohin du horchst, wohin du schaust,
Ob Thebens Tempel, Goethes Faust,
Ob Wanderzirkus oder Zoo,
Triffst du auf derlei Affen wo.
Sie sind es, die du in den Ferien
Gesehn in Tunis und Algerien,
Wo sie, der Wildnis letzte Zeugen,
Die Piefkes mißvergnügt beäugen.
Sie sind es, die behängt mit Flittern,
In ihren Affenjäckchen zittern,
Sie sind es, ach, die armen Seelen,
Auf Hunden reitend und Kamelen,

Die als Soldaten mit Verdrießen
Den Stöpsel aus der Büchse schießen,
Umfallen und maustot sich stellen,
An ihren Kettchen hündisch bellen,
Im Zoo mit Händchen nach uns greifen. –
Man müßt sie sehn in Freiheit schweifen!
Da sind, mit Drolligkeit nicht geizend,
Sie unter sich und wirklich reizend.
Wir glaubens gerne; doch obs stimmt?
Ein böser alter Aff benimmt
Sich auch in Freiheit als Tyrann,
Wie mans im Zoo bemerken kann,
Wo er, die Zähne fletschend, wandelt
Und Frau und Kinder schlecht behandelt.

Dafür zum Beispiel führ ich an
Den Hundskopfaffen, Pavian,

Der, von Benehmen äußerst viechisch,
Heißt kynokephalos auf griechisch.
Und hält man das auch für lateinisch,
Gleichviel, der Aff beträgt sich schweinisch,
Wenn er, selbst sommers dicht bemantelt,
Sich quer durch Abessinien hantelt.
Jung kann er lieb sein, wenn er will,
Wie auch der Mandrill und der Drill.
Sie gelten (auch von Gott erschaffen!)
Als allerhäßlichste der Affen.
Doch dachte selten Gott so kühn
In Farben: schwarz, blau, rot, gelb, grün.
Den Drill empfand, kasernen-höflich,
Noch jüngst die Welt als kataströphlich;
Der Aff jedoch, wenn gut gedrillt,
Als Künstler viel im Zirkus gilt;
Er ist, höchst schamlos im Intimen,
Auch sonst das Urbild eines Mimen –
Und muß sich überdies nicht schminken.
Er kann wie Menschen essen, trinken, –
Doch wenn er unbewacht, allein,
Frißt er mit Händen, wie ein Schwein.

Genug – s' heißt sich zusammenraffen,
Um zu beendigen die Affen:

Die *Neue* Welt, zu unserm Glück,
Tritt affenmäßig stark zurück;
Wir werden daher schneller fertig:
Die Affen sind dort meistens bärtig,
Plattnasig, mit viel breitern Löchern,
Und tragen einen Brüllsack, knöchern;
Sie können drum mit ihrem Brüllen
Halb Südamerika erfüllen.

»April-Aff!« wird hier aufgezwickt
Ein Mensch, in den April geschickt.
Brüllaffen konnten kennenlernen
Wir auch in Deutschland, in Kasernen.
Doch auch die echten sind nicht schwanzschlapp.
Ihr Schwanz ist, wir erwähnens ganz knapp,
Lang wie sie selbst und dient zum Greifen.
Im Urwald, mit bebuschten Schweifen,

Der Orden haust der Kapuziner,
Die freilich schlechte Kirchendiener;
Sie söffen, ließe man sie dran,
Sich täglich einen Affen an,
Sind Weiberkittler, Walddurchstrolcher –
Der Klammeraffe ist ein solcher.
Statt Daumen hat er nur vier Stümmeln. –
Als Klammeraff gilt dreisten Lümmeln

Die Jungfrau auch, die am Motorrad
Anklammert sich, als »Liebesvorrat«,
Nicht bang, ob sie als Mädchen fällt –
Wenn sie nur nicht vom Rädchen fällt.

Was in den Wäldern riesengroß,
In grünen Hölln, bei Indios,
Bei Negern und bei Botenkuden

Rumspringt an Satans- oder Juden-,
Wollaffen, Totenköpfchen, Faunen,
Wär einzeln höchlich zu bestaunen.

Als letzter Sproß von allen Äffchen:
Das eichkatz-artige Krallen-Äffchen.
Das Pinseläffchen ist ganz klein –
Doch bildet es sich auch nicht ein,
So Hochbedeutendes zu schaffen
Wie unsre großen Pinselaffen.

Vielleicht gäb es noch manchen Treffer,
Beschrieben wir auch noch die Äffer,
Halbaffen: Makis und Lemuren. –
Nach Madagaskar gehn die Spuren. –
Doch wärns nur Vari-ationen.
In Indien noch die Loris wohnen,
Die, wie die afrikanischen Vettern,
Tags schlafen, nachts auf Bäumen klettern.
Nicht Beßres drum als Abschluß weiß ich:
Am Abend wird der Faulaff fleißig.

Dickhäuter

Zwar setzt die jüngre Wissenschaft
Jetzt diese Ordnung außer Kraft,
Verteilt nach einem neuen Schlüssel
Die Tiere je nach Huf und Rüssel:
Doch unserm klaren Blick bedeutet
Noch einen Stamm, was dick gehäutet.

Das Mammut (Morgensterns Gigant)
Sei hier an erster Stell genannt.
Verehrung ich für dieses Tier heisch –
Wir kennens nur mehr als Gefrierfleisch:
Man fand es im vereisten Boden,

Bedeckt mit starkem, zottigem Loden.
Die Kälte wirkte, die sibirische,
Auch auf das Leben, auf das tierische.
Die Mammutschwänze waren Lappen
Mit sogenannten Afterklappen,
Damit der Eiswind – welche Finten! –
Dem Mammut nicht hineinzog, hinten
und ihm das bißchen Körperwärme
Herausblies so aus dem Gedärme.

Quartier bezog es im Quartär:
Der Mensch sahs noch von ungefähr.
Der bracht' es um; doch kunstgewerblich
Macht' ers im Höhlenbild unsterblich.

Der Elefant (einst mit p-h)
Lebt noch, zum Teil in Afrika,
Zum Teil in Indien und es
Gibt drittens ihn auf Celebes.
Den Elefanten kennt die Bibel,
Er steht in jeder Kinderfibel,
Durch Rilke dann und wann bekannt
Ist auch der weiße Elefant.
Viertausend Kilo er oft wiegt,
Frißt Heu nach Zentnern, so ers kriegt.

Acht Meter lang, mißt man ihn ganz,
Ist er vom Rüssel bis zum Schwanz.
Müßt einer schildern ihn genau,
Schrieb' er am besten: groß und grau.

Er ist nicht bös – doch ohne Lücke
Wahrt sein Gedächtnis jede Tücke.
Es wär mit Recht hervorzuheben
Das herzliche Familienleben.

Sie sind ein friedlicher Verein –
Nur alte Onkel gehn allein
Und werden oft, den Kopf voll Schrullen,
Am Ende bitterböse Bullen.

Bei uns sprach, als von Elefanten,
Man früher von den Anstandstanten.
Längst ward das Tier gelegt in Ketten:
Nichts als die Arbeit kann es retten.
Im Zirkus, läppisch, voll Erbosen,
Muß radeln es in Lederhosen.
Die Elefanten früh zum Kriege
Mißbrauchte Indien, ihre Wiege.
Und jeder weiß, es war ein Schlager,
Als dem gefürchteten Karthager
Gelang, sie, seine Panzerwaffen,
Durch Alpenschnee und -eis zu schaffen.

Der wilde Elefant geht lang
Entgegen schon dem Untergang,
Mit Riesenschritten, hören wir,
Wie's zukommt solchem Riesentier.
Weh dem – wir wissens selbst, gewitzt –
Wer irgendwas von Wert besitzt!
»Im Urwald – und echt Elfenbein?«

So sagt der Mensch, »ja, muß das sein?«
Und ach, schon wird das edle Tier
Erschossen, nur für ein Klavier.
Uns steigen Tränen in die Wimpern:
Bedenkt, ganz öde Leute klimpern
In Schweinfurt oder Osterode
Das tote Tier noch ganz zu Tode.
Ersatz gibts – freilich einen schwachen:
Aus Mücken Elefanten machen!

Das Nilpferd, Hippopotamus
Vom griechischen Worte »Pferd« und »Fluß«
Hieß einst bei den Ägyptern Rer.

Bis 50 Zentner wird es schwer.
Seit es gelang den Massenmördern,
Zum Ober-Nilpferd 's zu befördern,
Lebts nur am Nil noch, wo er nubisch.
Sein dicker Kopf ist beinah kubisch.
Die Schnauze ist so angeschwollen,
Daß seine Äuglein ganz verquollen:
Es blinzt, als wärs voll tückischer List, –
Was es in Wahrheit gar nicht ist.
Die Zähne wuchern immer tiefer,
Es beißt sich selbst in seine Kiefer.
Oft weints im Mondenschein sich satt,
Weil es so scheußlich Zahnweh hat.
Es dürft ihm nicht zu helfen sein –
Doch nimmt der Mensch das Elfenbein
Und macht aus diesem, leider, leider
Die häßlichen Zigarrnabschneider.
Papyrus frißts, daß es ein Graus –

Papier machts aber nicht daraus.
Seit Ur-urzeiten kennt es schon
Die Schwemmkanalisation,
Die freilich mangelhaft im Zoo.
Das Publikum bestaunt es froh,
Sich schöner wähnend als das Tier. –
»Nil nisi bene!« schließen wir.

»Um das Rhinozeros zu sehn,
Beschloß einst Gellert auszugehn« –
Das darf als sehr vernünftig gelten,
Denn heute noch ists bei uns selten.
Der Fachmann weiß, das kommt daher:
Es gibt beinahe keines mehr!

So manche Tiere haben Namen,
Nicht wissend, wie sie dazu kamen.
Da hats das Nashorn gut – es weiß,
Daß ganz zu Recht es Nashorn heiß'.
Das indische trägt ein starkes Horn
Und mitten auf der Nase vorn,
Das afrikanische zwei Hörner,
Davon das größre noch viel vörner,
Damit das zweite, weiter hinten,
Auch noch genügend Platz kann finden.

Daß man sie auseinanderkennt,
Man letztres Doppelnashorn nennt.
Pompejus hats nach Rom gebracht;
Auch Marco Polo sein gedacht.
Beschrieben hats schon Martial
Und Manuel und Portugal
Hatt' eins von einem Indienführer.
Das zeichnete dann Albrecht Dürer.
Das Nashorn lebt gern ungesellig,
Die Weibchen sind oft ungefällig;
Doch sind die Mütter, wie man schrieb,
Zu ihren Näschen-Hörnchen lieb.

Wers Nashorn antrifft, doch nicht trifft,
Halt sich an diese Jagdvorschrift:
Schoß er vorbei, daß das erzürnte
Nashorn nun losgeht, das gehürnte,
Spring er zur Seite, Schritter drei –
Dann schießt das Nashorn auch vorbei.

Huftiere

Gott hat erschaffen einst, vermutlich –
Und leben lassen, vorsintflutlich –
Weit weniger Tiere, als man glaubt.
Und Muster nur hat überhaupt
Der Vater Noah mitgenommen,
Als in der Arche er geschwommen.
Das Hirsch-Gazellen-Ziegen-Schwein
Könnt etwa so ein Urstück sein,
Draus, falls sie nicht das Eis begraben,
Die andern sich entwickelt haben.

Das Huftier, in der Vorzeit Duster,
Bedurfte nicht das Schmieds als Schuster,
Denn in der ersten Daseinsstufe
Hatts je fünf Zeh'n und keine Hufe.
Die Welt war steinig und ward dornig,
Die Zehennägel wurden hornig
Und drei davon, wie jetzt zu schauen,
Verkümmerten zu Afterklauen:
Das Rind mußt viel im Feuchten gehen –
Das tat es besser auf zwei Zehen.
Und weiter triebens noch die Pferde:

Sie stehn mit einer auf der Erde.
Es nannte drum ein Wortverdreher
Sie dementsprechend Unpaarzeher.

Zum Edelsten, was Gott geschaffen,
Sechs Meter hoch!, zählt man Giraffen.

Zwei Meter zwanzig sind sie lang.
Ein plumper Paß ist oft ihr Gang.
Doch wenn sie in Galopp sich setzen,
Kann sie ein Reitpferd kaum erhetzen.
Der Kopf hat Hörner, wie bei Schnecken,
Der Leib zeigt große braune Flecken,
Mit denen sie im Busch sich tarnen.
Sie selber, als die Höchsten, warnen –
Ein Scherenfernrohr von Natur –,

Zeigt wo sich eines Feindes Spur,
Das Zebra und die Antilope,
Die, trauend solchem Periskope,
Mit ihnen, vom Sahara-Rand
Hinweiden bis ins Zululand.
Auf einen grünen Zweig kommt leicht
Das Tier, das bis zum Wipfel reicht;
Daß es mit Wasser sich besäufe,
Spreizt es geschickt die Vorderläufe,
Denn zu den Fluten reicht es nur
Als geometrische Figur.

Es werden in Gefangenschaft
Giraffen leicht dahingirafft.
Man weiß, wer Mammi war und Papi,
Selbst heut nicht recht von dem Okapi,
Entdeckt erst neunzehnhunderteins.
Der größte Zoo hat oft noch keins.

Wir mühen uns mit ganzer Seele,
Zu unterscheiden die Kamele
Und sind uns nie darüber klar:
Was ist Kamel? Was Dromedar?
Und welche Rolle spielt denn hier
Das sogenannte Trampeltier?

Wir lesens nach in dicken Schmökern:
Das, was herumläuft mit zwei Höckern
In Asien, fern bei den Chinesen,
Das ist ein trampeltierisch Wesen.

Doch was, verhältnismäßig nah,
Einhöckrig lebt in Afrika,
Das wird ein Dromedar genannt.
Gleichwohl sind sie ganz nah verwandt:
Was sie auch höckrig unterscheide –

Kamele sind sie alle beide!
Wir merkens uns, ein halbes Jahr,
Dann wird es wieder, wie es war:
Bis wir zuletzt uns nicht verhehlen:

Wir zählen auch zu den Kamelen.
Kamele gehen, wie ich höre,
Durch Wüsten und durch Nadelöhre
Und dienen selbstlos vielen Zwecken –
Berühmt sind die Kamelhaardecken.

Das Lama lebt in fernen Landen
Und zwar hauptsächlich in den Anden;
Es wird ob seines Fells gehalten.
Des Lamas Lippe ist gespalten.
Ein Luder ist es, ein verdrucktes:
Kommt man zu nahe ihm, so spuckt es.

Es wehrt sich schließlich jedermann,
Wie ers am vorteilhaftsten kann.
Nur siehts der Gegner nicht gern ein
Und nennt dann scheußlich und gemein
Des lieben Nächstentieres Waffen,
Die eigens Gott für es geschaffen.

Der Löwe, der den Feind zerfleischt,
Dafür den Ruhm des Helden heischt.
Der Aar, der ihm zerhackt den Schädel
Ja, der ist edel, der ist edel!
Doch schon auf niedrigerer Stufe
Steht etwa Schlagen mit dem Hufe.
Vom Spucken aber, Stinken, Pissen –
Pfui Teufel! – wollen wir nichts wissen.

Der Mensch lief einst, die Stirne schräger,
Durch graue Vorzeit als ein Jäger;

Noch heute ihm im Busen ruht –
Und wallt oft auf – das Jägerblut,
Und ganz besonders in den Alpen!
Wild wie die Rothaut nach den Skalpen
Sind hier die Burschen auf den Fährten
Der Gemsen, wegen ihren Bärten,
Mit denen sie die Hüte schmücken;

NB! Der »Bart« wächst auf dem Rücken!
Und würd man nicht behördlich bremsen,
Gäbs nirgends im Gebirg mehr Gemsen,
Wies schon den Steinbock kaum mehr gibt,
Der wegen seines Horns beliebt.

Er lebt noch, meldet man, bei Krimmel
Sowie im Tierkreis, hoch am Himmel.

Willst du nicht selber stehlen, dann
Schaffst du dir eine Ziege an,
Die, zupfend andrer Leute Kräuter,
Heimbringt die Milch in ihrem Euter.

In Asien stand des Tieres Wiege.
Homer schon kannte sie, die Ziege.
Der Bock als Gärtner – wär gelacht!
Die Ziege frißt, wer grün sich macht.
Der Maibock bringt uns frohe Stunden.
Der Sündenbock ist rasch gefunden.

Nie sich ins Bockshorn jagen lassen!
Dem Meckerer wird nie was passen.
Der Ziegenpeter, wie ihr wißt,
Ohrspeicheldrüsen-Krankheit ist.

Schon in der grauen Vorzeit traf
Als braves Haustier man das Schaf.
Und wirklich, wie bequem ist das:
Statt daß man mähen läßt das Gras,
Läßt man vielmehr das Mäh gleich grasen.
Es freut sich am geringsten Rasen.
Doch wehe, wenn es Wölfisches spürt:
Selbst Wolfsmilch läßt es unberührt.
Das Wildschaf, reich an Mut und Tugend,
Durchlebte seine Heldenjugend
Auf freien Bergen, ohne Pflicht.
Neidhammel gabs da droben nicht!
Jetzt folgts umhundet, leitgehammelt
Und leicht in einen Pferch versammelt
Dem Menschen voller Schafsgeduld;
Wer Sklave wird, ist selbst dran schuld:
Des Hausschafs Leben und sein Lieben
Sind klar im Zuchtbuch vorgeschrieben;
Die Unzucht läßt man nur soweit,
Als auch die Zucht durch sie gedeiht.

Da Schafe kränkeln leicht im Feuchten,
Scheint es wohl jedem einzuleuchten,

Daß man, soll Schafzucht recht gelingen,
Sein Schäfchen muß aufs Trockne bringen.
Ein schwarzes Schaf nur könnt es wagen,
Hier aufzurollen Rassenfragen.
Zwei kennen selbst wir aus der Schul:
Heidschnucken sowie Karakul,
Von dessen Lamm, das schön geflammt,
Der teure Persianer stammt.
Doch weiß, auch wer kein Geograph:
Das Finsteraarhorn ist kein Schaf.
Bis weit zurück zum Goldnen Vlies

Könnt man verfolgen das und dies,
Doch von den Schafen jetzt genug. –
Das Schaf ist dumm – der Hirt ist klug:
Als Wunderdoktor allenthalben
Gesucht ob seiner guten Salben,
So daß, als Schäfer nur verkleidet,
Jüngst ein Geheimrat schafgeweidet,
Dem seine Praxis ging zurück:
Jetzt macht er unverhofft sein Glück. –
Dem Schweinedarm ist alles Wurst;
Der Schafdarm ist voll Schönheitsdurst:
Er ward seid ältsten Zeiten viel
Benutzt zum edlen Saitenspiel.

Der Schafochs ist, wenn man nicht blind,
Das Bindeglied vom Schaf zum Rind.
Um Gras und Heu gut zu vertragen,
Ist vierfach aufgeteilt der Magen,
Den Gott dem Wiederkäuer gab:
Wanst (oder Pansen), Netz, Blatt, Lab.
Auch Professoren (zweiter Güte)
Käun wieder die Kathederblüte.
Die abendländische Kultur
Verdanken wir dem Rindvieh nur:
Der Stier im Joch, im Stall die Kuh –

Nur wenig kam da noch dazu!
Das Hornvieh hat uns schon als schwer
Hinwandelnd dargestellt Homer.
Das brave Tier von Haut bis Mist
Dem Menschen restlos dienstbar ist –
Nicht rastlos: meist brauchts nichts zu tun,
Als sich vom Nichtstun auszuruhn.
Gar viel, was von dem Tier man spricht,
Ist falsch: der Büffel büffelt nicht;
Der Stier bemüht sich nicht wie du
Oft hoffnungslos um eine Kuh,
Und gar vom Ochsen nimmt man an
Verschiednes, was er gar nicht kann.

Das Rindvieh hat zwar selber nie
Bedürfnis nach der Poesie,
Doch wirkts poetisch seinerseits
Am Nordseestrand wie in der Schweiz.
Den Dichter aus der Großstadt freut
Das wunderschöne Almgeläut,
Und Fabeln weiß er zu ersinnen
Von holden, jungen Sennerinnen,
Von ihrem Leben, ihrem Lieben –
Im Herbste wird dann abgetrieben.
Lebfrisches Volk der Alpenkinder!

Lang warn dein einzigs Glück die Rinder,
Denn spät erst lerntest du erfassen,
Daß sich auch Fremde melken lassen.
Vom Stierkampf, den die Spanier lieben,
Kuhhandel, bös mit uns getrieben,
Vom Ochsen, der, weil ungeschlacht,
Geschlachtet uns erst Freude macht,
Vom Küchenbulln beim Militär
Noch manches zu berichten wär,
Vom Goldkalb, angebetet stets –
Doch ach, auf keine Kuhhaut gehts!
Kuhställe warn, wir wissen das

Von jenen noch des Augias,
Einst schmutzig zwar, doch urgemütlich.
Drin taten Kuh und Kalb sich gütlich.
Jetzt sind sie sachlich, glatt und helle,
Nichts mehr als eine Milchtankstelle.
Ja, ja, der Fortschritt überall!
Trotzdem, wir wünschen: »Glück im Stall!«

Es trägt zwar schwer der starke Yack
Im fernen Tibet Sack und Pack,
Doch wird der wilde seltner schon,
So wie bei uns das Ypsilon.
Er läßt auf sich herum auch reiten:
Nur wird er sich bewußt zuzeiten,
Wie schnöde ihn der Mensch mißbraucht,
Worauf er ihm gewaltig raucht.
Und er schlägt um sich, taub und blind.
Dann wird er wieder wie ein Kind.

Noch Cäsar wußte es genauer
Als wir, was Wisent sei und Auer.
Doch ist verschollen derlei Vieh,
Weil längst die Trinkhorn-Industrie
Der herrlichen Germanenwelt
Ward auf den Maßkrug umgestellt.

Der Bison, vorne kraftgeladen,
Hat leider hinten schwache Waden.
Im wilden Westen zu Millionen
Sah man ihn die Prärie bewohnen.
Er war des Indianers Speise –
Bis dann die Bahn ließ legen Gleise.

Und da nun überall Schilder drohnten:
»Gleisüberschreiten streng verboten!«
So warn die Bisons jetzt behördlich
Getrennt in südlich und in nördlich.
Selbst durch Familien gings oft halb:
Hier war der Stier, dort Kuh und Kalb.
Und Abenteurer, dumm und roh,
Wie jener Bill aus Buffalo,
Habn abgeschlachtet sie in Massen
Und sie dann einfach liegen lassen:
Die Bahnarbeiter, die dort kochten,

Das beste Beefsteak nicht mehr mochten.
Der Kafferbüffel ist voll Wut:
Schieß auf ihn gar nicht oder gut!
Das Zebu ist ein sanfter Blöker
Mit grauem Fell und großem Höcker.

Nie Lopen man zu sehn mehr kriegt:
Die Anti-Lope hat gesiegt!
Die Antilopen ähneln bald
Dem Hirschen mehr und Reh im Wald,
Bald mehr der Ziege, mehr dem Rind:
Man sieht, daß sie verschieden sind.
So gibts zum Beispiel in den Tropen
Sogar Hirsch-Ziegen-Antilopen.
Gazellen sind sehr nett und lieblich
Und schon, im Hohen Liede, biblich.

Der Wasserbock, ellipsiprymnus,
Verdiente einen eignen Hymnus.
Doch viel zu groß ist das Gewirr

Von Gnu und Kuh-, Hartbiest und Schirr-,
Von Pferdeantilopen, Elen-;
Hier wär der Brehm nur zu empfehlen.

Vom Horntier braucht nicht weit zu pirschen,
Wer kommen möchte zu dem Hirschen.
Von ihm erwähn ich die bekannten
Zwölfender, auch Kapitulanten;
Hauptschaufler, bis zum Range früherer
NS-General-Arbeitsführer,
Und kapitale Schaufler, die
Mehr bei Finanz und Industrie.
Europas Roth-Hirsch ist sehr edel
Von der Geweihspitz bis zum Wedel.
Er schreitet wunderbar einher;
Zwei Meter wird er lang und mehr.
Hat Schulterhöhe anderthalb –
Viel kleiner sind dann Stück und Kalb.

Kurz aus der Hirschfamilie nenn
Den Damhirsch ich, den Elch, das Ren.
Frei laufen nicht mehr viele Elche;
Im Zoo hingegen gibts noch welche.
Der zehnte Teil von unsrer Erden
Ernährt sich nur von Rentierherden.

Das Ren rentiert sich aber bloß
Für Lappen, die sehr anspruchslos –

Und roh, samt Inhalt, mit Behagen
Verspeisen einen Rentiermagen.

Die Tränengruben lassens kennen
Wie bitterlich grad Hirsche flennen.
Auch abgekümmert und verhetzt
Trifft man sie – und zurückgesetzt.
Ists Liebeskummer, still verborgen?
Sind es die bösen »Wechsel«-Sorgen?
Die Jäger? Oder letzten Ends
Die Angst vor stärkrer Konkurrenz?
Der Hirsch, der schon durchs Hohe Lied

Zur Wasserquelle durstend zieht,
Hat Bild und Beispiel stets gegeben
Für ein entschlossnes Liebesleben.

Die wichtigste Rolle spielt dabei
Des Hirschs gewaltiges Geweih –
Er trägts ein halbes Jahr nur knapp;
Im Hornung wirft ers wieder ab;
Am stärksten ist es im Oktober –
Da wird ein Raufbold er, ein grober,
Führt wild sich auf und orgelt, röhrt,
Daß es im Bett der Wandrer hört.
Der zieht die Decke um die Ohren,

Froh, daß er nicht als Hirsch geboren,
Der so viel wagt für eine Frau!

Gern schildert' Hirsche ich genau,
Doch müßt, vom Ohr bis zu den –,
Die Jägersprache ich beherrschen.
Der Hirsch fegt, äugt, färbt, äst, trollt, schält,
Verhofft, plätzt, windet, schreckt und schmält,
Hat Schüsseln, Federn, Schweiß und Lichter –
Kurzum, die Jäger sind halt Dichter!
Nicht oft glückts, daß man Hirsche seh;
Doch kennt (noch!) jedes Kind das Reh,
Das, Capreolus schon genannt,
Durch Kapriolen ist bekannt.
Fehlt es an Mut auch unserm Rehchen,
Anmutig ists von Kopf bis Zehchen.
Wir, die im Zug vorüberrasen,
Sehn eins am Waldrand friedlich grasen.
Wir schrein: »Ein Reh!« und winken, deuten
Und zeigens glücklich fremden Leuten:
Die werfen, ums zu überraschen,
Nach ihm mit leeren Seltersflaschen.
Der Jäger auf dem Blatte fiept,
Den Bock zu locken, der verliebt.
Wenn er ihn vor der Büchse hat,

Dann schießt er einfach ihn aufs Blatt.
Das Reh lebt einzeln und in Rudeln
Und schmeckt sehr gut mit breiten Nudeln.

Vom Hirsch zum Schwein dient uns als Mittler
Der Schweinshirsch gegen strenge Krittler.
Das Schwein moralisch zu betrachten
Ist falsch: der Blickpunkt liegt im Schlachten.
Bedeckt mit Schmutz und groben Borsten
Haust unser Wildschwein in den Forsten,
Im deutschen Dichterwald sogar. –
Wie die Beamten, Jahr um Jahr,
Bringts, steigend stets in Rang und Titel,
Zur »groben Sau« der schwarze Kittel.
Man unterscheidet allgemein
Das Front- und das Etappenschwein.

Vom Hausschwein läßt sich nicht bestreiten:
Rein specklich hat es gute Seiten.
Zu rühmen sind nicht nur die Würste –
Die Borste gibt die beste Bürste;
Schweinsleder – schön, und lange hälts.
Ganz wertlos ist der Schweinepelz.
Schwein muß man haben – überall:
Drum ist die Welt ein Schweinestall.

An jedem Trog die Säue fressen.
Wer das beklagt, darf nicht vergessen,
Daß träge, feig und unbedacht
Er manches Schwein mit fettgemacht.
Bei uns stellt sich im Fasching ein
Das lüstern-wilde Maskenschwein,
Um in der Nacht, der zauberschwülen,
Im fremden Fleisch herumzuwühlen.
Das Bartschwein hängt gern seinen Rüssel
Laut schmatzend in die Suppenschüssel.
Das deutsche Sparschwein wird zertrümmert,
Worum kein Schwein sich weiter kümmert.

Unpaarzeher

Den Esel nennt man meist mit Tadel,
Doch ists ein Tier von altem Adel.
Von Syrien bis nach Persien trifft
Man früh ihn selbst, wie in der Schrift.
Den Bileam, von Haß umgarnt,
Hat seine Eselin gewarnt;
Und Saul konnt', suchend Eselinnen,
Sich gar ein Königreich gewinnen.
Auch heut noch nützt es immerhin,
Sucht man die rechte Eselin.
Ein Eselskinn der Simson trug,
Mit dem er die Philister schlug.
Ein Esel stand an Jesu Krippe,
Mit einem Esel floh die Sippe;
Der Herr zog unter Jubelrufen
Ein in die Stadt auf Eselshufen.
Auch Strabon, Plinius, Xenophon,
Sie kennen unsern Esel schon.

Als ein getreuer Pflichterfüller
Lieh voreinst er auch unserm Müller
Und Landwirt seine beste Kraft.

Jetzt ist er leider abgeschafft
Und bald, ersetzt durch das Benzin –,
Ist wohl der letzte echte hin.
Doch trifft man überall ihn südlich,
Als Knecht der Ärmsten, unermüdlich.
Die größten Lümmel auf ihm hocken;
Er rackert sich mit Steinerbrocken,
Schleppt auch von Schilf oft eine Last,
Daß drunter er verschwindet fast.
Trotz Hitz und Fliegen, spät und früh,
Gibt er sich eine Eselsmüh.

Merkt erst die Welt, daß zahm du bist,
»Ja«, schreist und sogar Disteln frißt,
Wirft sie sich auf zu deinem Herrn. –
Zu spät fängst du jetzt an zu plärrn.
Wer einmal sich hat hergegeben
Zum Esel, bleibts fürs ganze Leben
Und seine Leiden machts nicht quitt,
Glückt ihm einmal ein Eselstritt.

Hat wer zwei Bündel Heu zur Wahl,
Bleibt wohl ein Esel nur neutral,
Wie jener des Herrn Burian . . .
Sprichwörtlich fang ich gar nicht an.

Das Maultier (equus mulus) Muli,
Macht auch der ganzen Welt den Kuli.
Stur trägts (und braucht nur wenig Futter)
Kanonen grad so gut wie Butter.
»Ein schneller Hund, ein braves Pferd
Sind mehr als zwanzig Weiber wert!«
So sagt ein Sprichwort der Araber.
Ganz ähnlich heißts auf bairisch aber:
Der Bauer meint: »Wenn d' Weiber sterbn,
Na is des weiter koa Verderbn.
Wenn aber d' Roß amal verreckn,
Des is a ganz an andrer Schreckn!«

Man sieht daraus, wie alle Welt
Das edle Pferd in Ehren hält;
Ist der Kentaur auch, bis zum Nabel
Ein Mensch, dann Roß, nur eine Fabel,
Kann man daraus des Pferdes Blüte
Doch rückverfolgen bis zur Mythe.
Das edle Tier, wie kaum eins köstlich,
Kam aus den Steppen, die nah-östlich,
Doch diese »Einfuhr« war kein Spaß
Weil auf dem Pferd ein Reiter saß.
Es weihten, pferdenärrisch-toll
Das Roß die Griechen dem Apoll;
Geflügelt wards zum Pegasus –
Gezügelt bis zum Überdruß
Hat den dann der Prinzipienreiter
Als Steckenpferd. – Da wärs gescheiter,
Er gäbe ihm das Gnadenbrot
Und ritt des Amtes Schimmel tot.

Die Römer, die das Pferd einst pflegten,
Aufs Wechselreiten sich verlegten;
Die Deutschen, wo die Götter (Asen),
Auf hohem Roß ursprünglich saßen,
Erlebten dann die Reiterscharen
Der wilden Hunnen und Avaren

Und schufen, Lehrgeld zahlend bitter,
Die wunderschönen, tapfren Ritter,
Die wirklich allerhand geschafft –
Mit je nur einer Pferdekraft!
Arabiens Hengste – erste Güte!
Berühmt sind Engellands Gestüte
Für Rassenpferde, edle Renner. –
Aufs falsche Pferd setzt selbst der Kenner.
Kein Schimmel kann, für Hohe Schulen,
Dem Lipizzaner nebenbuhlen.
Trakehner sind – doch nun genug:
Ehrt auch den ärmsten Gaul vorm Pflug.
Und denkt dran, was das Pferd gerad
Im Krieg litt, unser Kamerad!

Das Zebra, aus Südafrika,
Halb Pferd, halb Esel – noch ists da.
Zum Dichterroß taugts nicht, das Zebra:
Nichts reimt auf es sich, außer Bebra.
Daß nicht das Fußvolk ziellos schweift,
Die Straßen man jetzt zebra-streift.
Als letzter meldet sich der Tapir –
Doch ist zu Ende schon das Papier.

Raubtiere

Obwöhl das Leben täglich lehrt,
Daß nur bestehn kann, wer sich wehrt,
Gebt ihr, selbst blutige Kriege führend,
Nicht nach und, das ist beinah rührend,
Mit ungebrochnem Mute glaubt ihr,
Der Mensch sei gut und sei kein Raubtier.
Ich gebe zu, schon werden wir
Allmählich ganz zum Herdentier,
Und glückts, den letzten Wolf zu töten,
Sind wir befreit von allen Nöten.
Als Zoologe stell jedoch
Ich fest: Raubtiere gibt es noch!
Als Raubtier springt mit einem Satze
Ins Auge uns die echte Katze.
Welch tiefer Zwiespalt der Natur:
Man spricht von falschen Katzen nur
Und muß den Grundsatz hier verfechten:
Am falschesten sind grad die echten!
Der Löwe, ungern sehn wirs ein,
Soll just der Tiere König sein?
Das edle Pferd, der treue Hund,
Sie wärens wohl mit besserm Grund.

Nein – brüllt uns einer richtig an,
Zeigt uns die Pranke und den Zahn,
Dann sind wir still, wenn auch nicht gern
Und anerkennen ihn als Herrn.
Dem Löwen schon war wohlbekannt
Dies: »Oderint, dum metuant!«

Er läßt den andern karge Reste –
Der Löwenanteil ist das beste.
Hebt er die Stimme furchterregend,
Im Grimme seinen Schwanz bewegend,
Vor Blutdurst riechend ganz betäubend
Und seine mächtige Mähne sträubend,
Wirds (wie es schon beschrieben Schiller)
Im weiten Umkreis still und stiller.
Den Christen wie den Muselman
Kommt heimlich ein Gegrusel an.

Doch Löwen schießen, ist beliebt;
Auch, daß den Wüstensand man siebt,
Bis nur der Löwe übrig bleibt;
Daß man ein Loch aushebt und schreibt:
»Verbotner Weg!« Das Königstier
Brüllt tief beleidigt: »Und das mir?!«
Schon fällts hinein, zur Lust der Neger. –
Die machen aus ihm Bettvorleger.

Der Löwe lebt, das weiß man ja,
Im Innern meist von Afrika;
In Bayern auch er gerne wohnt,
Weil ihn der Schwarze hier noch schont.
Doch in den Gegenden, die preußisch,
Benimmt man gegen ihn sich scheußlich.
Im Zirkus sieht man mit Genuß,
Daß selbst ein Löwe folgen muß;
Und jeden Moralisten freuts,
Kriecht so ne Bestie zu Kreuz.
Noch zählt der Löwe des Salones
Hierher, ob seines Herrschertones
Und seiner Künstlermähn umworben. –
Heut schon so gut wie ausgestorben.
Versandet sind ja die Oasen,
Wo's galt, sich seelisch anzugrasen,

Wo die Wohltätigkeitshyänen
Und Krokodile weinten Tränen,
Wo eitle Affen, Schraubenziegen
Nicht konnten gnug des Weihrauchs kriegen.

Es hat den Dichtern aller Grade
Gedient der Löwe zur Ballade,
Im Schilde wird geführt der Leu
Von England wie vom Löwenbräu;
In Erz gegossen, bildgehauert,
Jahrtausende schon mancher dauert
Und gerne stets zu Rate zog
Ihn Astronom und Astrolog.

Der Tiger wird drei Meter lang;
Mit seinem leisen Katzengang
Ging er noch jüngst vom Amurfluß
Und China bis zum Kaukasus.

Jetzt aber geht, zu unserm Glück,
Der Tiger überall zurück:
Dem Menschen weicht der alte Krieger
Der ist noch wilder als der Tiger.
Ist es dem Tiger wohl, so schnurrt er;
Doch wenn er böse wird, dann knurrt er.
Es steht drum auch mit gutem Grund
Am Käfig stets: »Nicht necken und
Nicht füttern!« Denn mit Schwiegermüttern
Würd jeder sonst den Tiger füttern.

Der Leopard viel Schaden tut,
Denn stets nimmt er zum Baden Blut,
Der Panther ist ein Pantheist,
Und kommt ihm mit Moral der Christ,
So lächelt grausam er dazu
Und denkt im stillen: »Na, und du?«

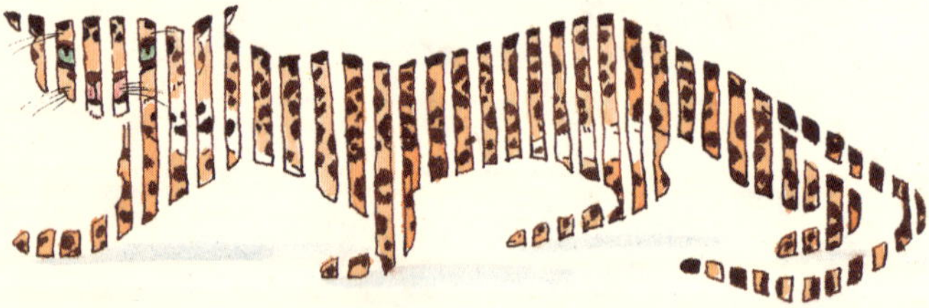

Er schaut durch seine Gitterstäbe,
Als ob es tausend Stäbe gäbe

Und hinter diesen keine Welt:
So hat ihn Rilke dargestellt.
Der Fachmann sagt, und der weiß alles,
Dem wilden Tiere dort gefall es.
Nur Menschen träumten, diese Deppen,
Von Freiheit, Urwald oder Steppen.
Ob Puma, Gepard, Ozelot –
Wir unterscheidens noch zur Not.
Wenn man im Tierpark so was trifft,
Hält man sich an die Überschrift.

Die Katze kennt so ziemlich jeder;
Da brauchts nicht viel aus meiner Feder.
Sprichwörtlich gibts da einen Haufen:
Man soll sie nicht im Sacke kaufen,
Doch auch nicht aus demselben lassen;
Wie Hund und Katze, heißts, sich hassen,
Gleich ihr verbergen seine Krallen,
Stets wieder auf die Füße fallen,
Nachts musizieren, schier zum Grausen,
Und nicht verlernen je das Mausen;
Wie sie gehn um den Brei herum. –
Wer hängt der Katz die Schelle um?
Die Welt zu entkatzifizieren
Die Mäuse Tag und Nacht studieren.

Was hilft der ganze Weisheitsschatz?
Es ist doch alles für die Katz!
Doch bringt das Katzenaug dir Glück,
Strahlt es an deinem Rade rück.

Laufkatzen, ebenso wie Geld –,
Man nicht für echte Katzen hält,
Sie sind so falsch wie Katzengold. –
Trotzdem, wir sind den Katzen hold
Und gönnen einem netten Kätzchen
Nicht nur am Katzentisch ein Plätzchen.
»Die alte Katz!« ein jeder stöhnt –
Doch ist er sie dann schon gewöhnt.
Der Kater, gottlob, ist vergänglich,
Doch Katzen hat man lebenslänglich.
Der Hund gehorcht noch dem Befehle;
Die Katze nur der eignen Seele.

Man muß sie nehmen wie sie ist
Und ihr noch danken, wenn sie frißt.
Selbst, wo man übel sie behandelt,
Bleibt sie im Grunde unverwandelt.
Verhungert, struppig und verlassen,
Schleicht sie im Süden durch die Gassen;
Doch ihren Willen keiner bricht:
Sie stirbt, doch sie ergibt sich nicht.

Der Luchs wird selten, felis lynx.
Er lauert still wie eine Sphinx
Und galt daher im Mittelalter
Für scharfen Blick als Titelhalter,
So daß das Sprichwort draus erwuchs,
Man habe Augen wie ein Luchs.

Mit einem Katzensprung erreichen
Wir die Verwandten, welche schleichen:
Zu ihnen zählt der schwarzbefußte
Ichneumon (Mungo auch, Manguste).
Nicht ich-betont, zerteilt er sich
Ins bessre wie ins schlechte Ich:
Das bessre Ich frißt Ratt und Maus,
Das schlechtre steigt ins Taubenhaus.

Der Mungo lebt in Indien-Ost,
die Brillenschlang ist seine Kost.
Er greift sie an, wo er sie trifft.
Fest hält das Volk ihn gegen Gift
Er sagt bescheiden: »Weit entfernt!
Doch was gelernt ist, ist gelernt!«

Den Dachs vor sechzig Jahren bald,
Sah ich als Kind noch oft im Wald.
Rar wurde Meister Grimbarts Spur.
Vermehrt hat sich der Frechdachs nur.
Verliebte Dachse pfeifen, tanzen;
Fachleute sagen dann: sie ranzen.
Der Dachs sich niemals ehe-irrt.
Selbst wenn die Ehe ranzig wird.

Der Röhrenbau ist voll Komfort,
Getrennt sind Wohnung und Abort.
Obwohls gemütlich wär zuhaus,
Gehn Dachse nachts zum Bummeln aus.
Ihr Fell muß Kummet, Ranzen zieren;
Dachspinsel nimmt man zum Rasieren.

Der Skunk (Amerika), der Stänker,
Ist wie der Dachs, nur etwas schlänker.
Hier, Leser, geb ich einen Wink dir:
Laß niemals ein dich mit dem Stinktier!
Das heißt in übertragnen Worten:
Hüt dich vorm Pöbel aller Sorten;
Er ist gemein, voll Neid und Lüge –
Selbst wenn er einen Skunkpelz trüge.
Der Iltis stinkt nur in der Not,
Doch wahllos beißt er Hühner tot.
Tief ist der Schlaf des Nimmersatts;
Drum sagt man, schlafen wie ein Ratz.
Der Marder-Mörder ungezügelt
Auf alles stürzt, was nur geflügelt –
Von Büchmanns Worten abgesehn,
Von denen dürft er nichts verstehn.

Erwischt oft in der Großstadt ward er,
Als Post- und Überzieher-Marder.

Kein Pelz auf Erden ist so nobel
Wie der vom armen kleinen Zobel.
Ja, wirklich arm! Die Welt vergißt,
Daß das sein einziger Mantel ist.
Er lebt, und bald nicht mehr im Plural,
Von Ostsibirien bis zum Ural.
Die Krone, die einst trug der Zar,
Ursprünglich Zobelmütze war.
Oft ist wer kein' Schuß Pulver wert:
Den Zobel schlägt man, umgekehrt,
Weil viel zu wertvoll für das Schrot
Sein Pelz wär, roh mit Knüppeln tot.
Das große Wiesel lebt bei uns.
Es färbt (auch kleine Wiesel tun's)
Im Herbst bis auf den Schwanz sich weiß,
Damit man Hermelin es heiß.
Die Fürstenmäntel hats verbrämt
Und deren Träger oft beschämt.

Oft herrschten die, durch Schrecken groß;
Der Mantel nur blieb fleckenlos.
Die Männer gelten oft als herzlos,
Die ihre Frauen lassen Nerz-los.
Der Jäger hält an einem Kettchen
Sich, zum Kaninchenfang, ein Frettchen.

Der Vielfraß, heißt es, wird erzogen. –
Des echten Name ist verbogen:
Fjälfräs, das ist Felsenkatze,
Ist, nach dem »Kluge«, mehr am Platze.
Voraus man wieder deutlich sieht
Das »semper haeret aliquid«.

Vom Amur bis zum Brahmaputra
Der Otter zog (lateinisch lutra),
Des Pelz wir gern als Krägen tragen:
Drum gings ihm selber an den Kragen.

Selbst nachts und winters gern er badet.
Daß er der Fischzucht heftig schadet,
Fiel leicht dem Schützen, vorzuschützen:
Er schoß ihn, scharf auf Ottermützen,
Wie sie als Volkstracht trugen stölzer
Die Frauen der Kochler einst und Tölzer.

Seitdem hört selten man am Ufer
Bei uns den gellend lauten Rufer.

Vom Bären einen kurzen Kursus:
Der braune Bär heißt selber Ursus,
Sein Töchterchen, das weiß man ja
Hört auf den Namen Ursula.
Als vor so manchem Hundertjahr
Der Bär der Tiere Herrscher war –
Waldkönig, Goldfuß, Honighand –,
War gute alte Zeit im Land.
Gemütlich war der Meister Petz;
»Nur mit der Ruhe!« sein Gesetz.
Vom Bären steht in jeder Chronik,
Er nährt von Pflanzen sich und Honig;
Erst spät hat er das Fleisch entdeckt,
Nachdem er einmal Blut geleckt.
Drum achte stets man darauf scharf,
Daß Blut nicht erst geleckt sein darf.

Der Bär, zwei Meter lang und länger,
Ist ausgesprochner Sohlengänger.
Kein Schuster's Leben ihm verteuert;
Natur die Sohlen selbst erneuert
Des freilich einzigen Paar Schuhs.

Er ist dann zeitweis schlecht zu Fuß.
Der Bär besucht in jüngern Jahren
Im Mai die Bärin, sich zu paaren.
Dann trabt er, satt von seinem Glück,
Bärfuß in seinen Wald zurück;
Bärbeißig wird er mehr und mehr
Im Alter und ein Höhlenbär.

Der Bär hat, fast schon sagenhaft,
Im Arme eine Bärenkraft.
Erwähnen will ich nur noch schnell
Den Bärendienst, das Bärenfell,
Den großen Bärn, den Bärenhäuter –
Doch jeder sei sein eigner Deuter.

Wer denkt jetzt, wo er nicht mehr muß,
Des (Bären-)Führers noch zum Schluß?

Der Eisbär haust am kalten Pol –
Und ohne allen Alkohol!
Die Bärin, winters, fern dem Gatten,
Wirft Junge, winzig fast wie Ratten.

Der Bär, auf Treibeis eingeschifft,
Sticht weit ins Nordmeer mit der Drift.
Läuft hundert Meilen weit und weiß
Oft nicht wohin, im ewigen Eis.

Noch sind verschiedne Bären da,
Besonders in Amerika.

Doch sind die Schwarzen wie die Grauen
Meist nur im Schutzpark noch zu schauen.
die andern endeten durch Mord;
Jetzt zieht durchs Land nur mehr der Ford.
»Wasch mir den Pelz, mach ihn nicht naß!«
Der Waschbär, meint ihr, könnte das?
Doch wäscht er (nur halb-meter-groß)
In See und Fluß sein Futter bloß.
Die Bären der Malayen, gnomisch,
Sieht man im Zoo, zum Schreien komisch.
Es steht drum auch das Publikum
Laut schreiend um den Zwinger rum.
Noch Wichtiges zu sagen wär
Von Lippen-Nasen-Kragenbär;
Als ob sie nur Karnickel wären.
So winzig sind die Wickelbären.

Nur kurz, bei all der Tiere Zahl,
Bring ich Hyäne (und Schakal).
Das Tier, getüpfelt wie gestreift,
Hauptsächlich Afrika durchschweift;
Weint laut und lacht dann wieder gräßlich,
Riecht schlecht, ist dumm und feig und häßlich;
Des Schlachtfelds Schrecken wär erwähnlich
Und Schillers Weiber, die hy-ähnlich.

Spricht man vom Wolf, ist er schon da:
Ecce! Lupus in fabula!
Paßt auf, eh ihr des Untiers spottet:
Es ist noch gar nicht ausgerottet!

Des Wolfs Erscheinung ist, sofern
Er grade nicht (er tut es gern)
In einem Schafpelz sich versteckt,
Sehr hager, groß und langgestreckt,
Hochbeinig und geländegängig.
Das macht ihn dreist und unabhängig.
Die Wölfe einzeln nichts bedeuten:
Gefährlich werden sie als Meuten.
Mit Wölfen heulen – böser Wahn!
Wir habens lang genug getan.
Dann sahn wir, von Verblendung frei:
's war fast kein echter Wolf dabei.

Und doch, des Weswolfs sei gedacht
Sowie des Wolfs, der Hackfleisch macht.
Rotkäppchen ist ein Märchen zwar,
Doch damals war der Wolf noch wahr
Und galt, welch übler Kinderschreck!,
Für wirksam als Erziehungszweck.
Oft fällt ein Wolf uns an auf Märschen,
Daß wir vor Schmerzen uns kaum beherrschen.

Des Wolfes Milch ist so beliebt,
Daß es gar Wolfsmilchschwärmer gibt.
So etwa nährten sich als Kinder
Von Wolfsmilch Romas große Gründer.
Der Wolf – jedoch genug von ihm!

Genannt wird Meister Isegrim
Mit Meister Reinecke, dem Fuchs,
Auch so ein Held des Fabelbuchs.
Der machts, und besser, mit der Schläue,
Scheinheiligkeit und falsche Reue.
Trotzdem, das ist der Lauf der Welt,
Wird häufig selbst ein Fuchs geprellt;
Sei's, daß durch eine Gans verführt,
Er gradwegs ins Verderben schnürt,
Sei's, daß den giftigen Käs er frißt,

Den er dem Raben stahl mit List.
Man kennt die Sache mit den Trauben;
Mißt er den Weg, darf mans nicht glauben
Denn was er redet, ist Geflunker
Doch lebt er brav in seinem Bunker
Und ist, was sonst der Schelm auch trieb
Als Ehemann und Vater lieb.
Und auch als Hausherr ist er schlau;
Er wildert nie bei seinem Bau:
Wenn der Bezirksinspektor fragt,
Kein Nachbar über Diebstahl klagt.

Zwar fuchsts uns, doch: der Fuchsmajor
Und Leibfuchs kommen wieder vor;
Den Schulfuchs gleichfalls es noch gibt,
Der Pfennigfuchs ist unbeliebt.
Der Goldfuchs hat sich längst verflüchtet;
Der Silberfuchs wird noch gezüchtet.
Der Fuchsschwanz ist ein Gras der Wiesen
Und wird als Säge auch gepriesen.

Die Hunde

Von Wolf und Fuchs, nicht ohne Grund,
Kommt man gewöhnlich auf den Hund.
Auch vom Schakal solln welche stammen,
Was wieder andre streng verdammen.
Doch wars beim Urhund schon, wie später:
Nicht immer kennt man seine Väter.
Der Hund, so wie er heute ist,
Ist ein Geschöpf der Menschenlist.
Er wurde immer neu gekreuzt,
Das Ohr gestutzt, der Schwanz geschneuzt.
Die Schwierigkeit, die wir geschildert,
Erhöht sich, weil der Hund verwildert
Und mit der Steppe dreistem Sendling
Nun wieder Blendling zeugt um Blendling.
Wohltätig ist der Kreuzung Macht,
Wenn sie der Mensch bezähmt, bewacht;
Doch wehe, wenn sie losgelassen,
Die Gassigeher, auf die Gassen,
Wo jeder freche fremde Köter
Herzudrängt sich als Schwerenöter.
Gelingt die unverhoffte Flucht mal,
Dann ists vorüber mit der Zuchtwahl!

Es kommt zu Spitzdachspudelpinschen
Und solchem Zeug, das wir nicht wünschen,
Bekannt als Promenadenmischung. –
Der Mensch mißgönnt die Herzerfrischung
Dem Hund, wie umgekehrt genau
Dem Liebespärchen der Wauwau.

Wie schwankend, ach, verhält im Grunde
Der Mensch sich selber gegen Hunde:
Sie sind im Sinnbild höchster Treue,
Der Förster preist des Dackels Schläue,
Selbst große Denker sehen wir
Gewogen einem Pudeltier.
Dann wieder sagen diese Herrn,
Der Teufel sei des Pudels Kern.
Auch spricht man roh und voller Hohn
Von »zynisch« und von »Hundesohn«.

Der Schoßhund ist von Lieb umgeben,
Doch »möcht kein Hund so länger leben«.
Der Mensch wüßt gerne, gramzerwühlt,
Wie sich ein Hund denn selber fühlt:
Ob menschenüberlegen, freudig,
Ob minderwertig, mies und räudig,
Und bis der Mensch herausgekriegt,
Wo denn der Hund begraben liegt,
Kann selbst er vor die Hunde gehn –
Wie soll der Hund da *uns* verstehn?

Haus-Hunde alle sich entpuppen
Als Angehörige von sechs Gruppen,
Nach dem Verzeichnis, nach dem alten
(Stets Neuaufstellung vorbehalten!).
Der Dingo, leider unbehütet,
Ganz scheußlich in Australien wütet.

Der Paria schweift, nur ungern frei,
Durch Indien wie durch die Türkei.
Er sucht, dem Bettler gleich, im Kot
Der Städte sich sein täglich Brot.
Doch auf der ganzen Welt im Grunde
Gibts noch viel ärmre Großstadt-Hunde,
Die wir wohl mehr bedauern wollen:
Sie hätten Menschen werden sollen.
Der Laie selbst erkennts: der Schäfer-
Hund ist ein Wolf, nur etwas bräver.

Der Bobtail Englands starrt von Zotten;
Beliebt der Collie ist der Schotten
Der weitverzweigte Stamm der Doggen
Ist wachsam, treu und unerschrocken.
Besonders um den Hund ist froh
Zum Schlittenziehn der Eskimo.

Der Kommondor, als Ungarns Hirt
Die Schaf und Schweine kommandiert.
Der Puli kommt gar leicht in Zorn.
Man weiß nur: wo es bellt, ist vorn.

Als bester von den Schweizer Sennen
Der Bernhardiner wär zu nennen,
Der, wohnend hoch auf dem St. Bernhard,
Nachts manchem Wanderer zum Stern ward
Als Sanitäter ohne Lohn. –
Stimmlage: dunkler Bary-Ton.
Viel Freud hat man und weniger Ärger
Mit Neufundländer, Leonberger.
Die eigentlichen Doggen, obs
Nun Bullenbeißer, Boxer, Mops,
Sind tapfre Kämpfer von Natur;
Verzärtelt ward das Möpschen nur.

Der rote Mops erwähnt sein muß
Des alten »Simplicissimus«.
Der vierte Stamm, vom Torfhund her,
Ist kleiner: Spitz und Terrier.
Der Polizeispitz uns verkläfft;
Der Bauernspitz verstehts Geschäft.
Stark ist sein Sinn für Eigentum.
Er wildert nicht, das ist sein Ruhm.
Buddhisten essen den Chow-Chow –
Am besten schmeckt die Zunge blau.
Der Terrierzüchter höchster Treffer
War einst der Schnauz, wie Salz und Pfeffer;
Und kaum genug als Lober kann
Man tun, gilt es dem Dobermann.
Auf Draht-(haar) ist der Fox gestellt,
Der Modehund der halben Welt.
Galt es bisher schon großen Fleiß –
Der Jagdhund gar bringt uns in Schweiß.

Die Bracken sind von schlankem Bau,
Die einen glatt, die andern rauh.
Der Bluthund schaut gemütlich aus –
Wer denken kann, der lernt daraus.
Beim Stöbern ist mit Leib und Seel
Die Hausfrau und der Spaniel.

Nur unterscheidet dies die zwei:
Beim Hund ist stets der Herr dabei,
Indes beim Stöbern ihren Mann
Die Hausfrau gar nicht brauchen kann.
Hochnäsig soll und hasenrein
Der Vorstehhund beim Jagen sein.
Das heißt, nicht Hasen hetzen toll,
Wenn er aufs Rebhuhn anstehn soll.
Einfarbig, dunkel ist der Setter
Zum bunten Pointer was wie Vetter.
Amts-Vorstehhunde, draht- und strichel-
Behaart, gefalln dem deutschen Michel.
Den Sauhund (der kein Schweinehund!)
Reißt oft das Wildschwein todeswund,
Wenn er zu nah kommt seinen Hauern.
Nun, jeder wird den Hund bedauern.
Soll den geplanten Angriffskrieg
Das Schwein hinnehmen mit Gequiek?
Doch da es leider meist verlorn,
Liegt dieser Rechtsfall sehr verworrn.
Der Pudel apportiert im Wasser
Und kommt heraus als pudelnasser.
Geschnürt, geschoren, pudelnackt,
Der Hund selbst nicht 'ne Nudel packt,
Eh nicht sein Herr, auf den er schielt,

Es ihm erlaubt, ja gar befiehlt.
Vom Dackel aber, folgt er schlecht,
Heißt es: Der Dackel, der ist echt!
Stammbaum hat er oft einen vollern
Als beispielsweis die Hohenzollern.
Doch wäre so ein Dackel groß,
Wär er schon nicht mehr makellos.
An seinem frühen Grab erschüttert
Stehn jene, die ihn überfüttert.

Als sechste Gruppe kommt zuletzt
Nun noch der Windhund angehetzt.
Verzweifelnd an der Menschen Witz
Fand bei ihm Trost der Alte Fritz.
Der Greyhound stammt von Beduinen;
Er muß für Hunderennen dienen.
Und unter seinen fernen Ahnen
Hat der Barsoi sogar Afghanen.

Wertvoller wird der Hund, je kleiner.
Am teuersten ist: beinah keiner.

Es scherzt der bösen Buben Mund,
Laut belle nachts der Grubenhund.
In Weimar trat in einem Stück
Ein Hund auf – Goethe trat zurück.
Vom Cerberus müßt ich erzählen –
Doch gabs auch edle Hundeseelen:
Odysseus, lange irr gefahren,
Kam wieder heim, nach zwanzig Jahren,
Wo scheußlich hausten die (Be-)Freier.
Und jeder glaubt', ein Bettler sei er:
Der Hund nur hat den Herrn entdeckt
Und sterbend ihm die Hand geleckt.

Insektenfresser

Gar reiche Auswahl hat auf Lager
Natur auf dem Gebiet der Nager.
Fast jeder nennt zuerst die Maus –
Doch nur der Fachmann kennt sich aus
Und trennt mit einem scharfen Messer
Vom Nager den Insektenfresser,
Wie Spitzmaus, Maulwurf oder Igel,
Sowie das Fledermaus-Geflügel.

Der Igel kommt, auf leisen Sohlen,
Am Abend, hurtig und verstohlen.
Tags auszugehn er sich geniert,
Denn immer ist er unrasiert.
Betrachten wir den Igel näher,
Ist er ein guter Europäer,

Wie Wilhelm Busch schon festgestellt:
Bewaffnet, doch ein Friedensheld.
Das Tier ist taktisch sehr gewandt:
Die Igelstellung ist bekannt.
Die Fabel, das hätts nicht gebraucht,
Stellt ihn als Spießer hin, der raucht,
Der seine Frau ans Ziel gesetzt
Und so den Hasen totgehetzt;
Daß ihm der Maul- den Vorwurf macht,
Er hätt ums Wohnrecht ihn gebracht,
Ist zweifellos noch abgeschmackter:
Sanft ist der Igel von Charakter.
Gereinigt froh von Floh und Laus,
Wird er Genosse selbst im Haus,
Der allerdings um Mitternacht
Herumtrabt und Spektakel macht.
Dem Burschen, der im Garten streunt,
Ist jeder, der vernünftig, freund.

Des Laien Kenntnis ist meist Null
Von unserm Maulwurf oder Mull.
Daß er nichts abnagt, ist gewiß,
Denn das bezeugt schon sein Gebiß.
Wo blieben wir, wenn er nicht finge,
Im Winter selbst, die Engerlinge?

Der Mensch, voll Gier nach ihren Skalpen
Mit Galgen fängt die armen Talpen.
Als Ehmann ist der Mull gemein:
Er sperrt das arme Weibchen ein
Und hält es so lang unter Tag,
Bis es, aus Langeweile, mag.
Trifft er auf Nebenbuhler gar,
So frißt er sie mit Haut und Haar.
Doch, sind die Weibchen lauter Lilien?
Wir mischen uns in die Familien-
Verhältnisse des Maulwurfs nicht.

Denn keiner, der das Stäbchen bricht,
Weiß, ob er nicht dem Maulwurf gleicht.
Drum werde ihm die Erde leicht.

Der Flughund wie die Fledermaus
Schaun fast wie Regenschirme aus,
Wenn der Vergleich auch etwas hinkt.
Die Fledermaus hängt eingeklinkt
Am Tag kopfunter in den Häuten;
Sie klinkt sich aus beim Vesperläuten
Und flattert wirr um Haus und Stall.
Das Flugtier machts mit Ultra-Schall:
Das Echo hilft ihm, so zu eilen
Und seine Beute anzupeilen.
Daß es den Frauen flög ins Haar
Und andrer Unsinn ist nicht wahr.
Doch nagelt Haß es an die Schuppen.
Blut saugen zwar verschiedne Gruppen,
Doch nicht die Blattnas, der Vampir,
Der in Brasilien lebt, nicht hier!

Nagetiere

Australien etwa ausgenommen,
Sind Nager überall hingekommen.
Zwar in der Sippe finden wir
Kein großes Vieh, kein hohes Tier.
Im Grund hats keiner weit gebracht.
Doch seht nur, was die Masse macht!
So ists: grad von den miesen Rassen
Gibts allenthalben Riesenmassen.

Das Eichhorn hüpft von Ast zu Ast,
Ja, schwanzgesteuert, fliegt es fast.
Mühselig sucht es seine Nahrung,
Erfreut durch üppige Behaarung
Und durch Possierlichkeit die Kinder.

Willst fangen dus, ist es geschwinder,
Was aber nur ein Glück für dich;
Denn beißen kann es fürchterlich.
Recht streng urteilt in dem Punkt,
Wenn du ihn fragst, der Forstadjunkt,
Der's wegen seinem Waldgefrevel
Ausrotten möcht mit Pech und Schwefel.

Bedrohlich, das erfuhren wir,
Ward oft das (Volksge-)Murmeltier.
Das Mankei ist ein Tiefschlaf-Nager,
Im Herbste fett, im Frühling mager.

Es schläft vom Jahre fast zwei Drittel,
Sein Fett galt einst als Wundermittel.
Die Blase hat es oft so voll,
Daß es davon erwachen soll.
Sobald es wieder sich entwässert,
Fühlts seinen Zustand sehr gebessert.
Sprengt spät der Lenz des Frostes Fessel,
Verläßt es seinen Winterkessel
Und baut, als Alpen-Sommerfrische,
Sich droben eine kleinre Nische.

Daß wir dreitausend Nagerarten
Aufzählen, wird kein Mensch erwarten.
Walt Disneys Filme, lauter Schlager;
Doch, wie der kleine, tapfre Nager
Präriehund kämpft mit dem Kojoten –
Nichts Schönres wurde uns geboten.
Wenn du den Siebenschläfer lobst,
Tust du nicht recht: er stiehlt das Obst.
Und Vater wie auch Mutter Bilch
Labt sich an unsrer Buttermilch.

Der Hase ist ein liebes Tier,
Des Feldes und des Waldes Zier.
Lateinisch lepus timidus,

Ist er auf deutsch ein Hasenfuß.
Doch nur ein Dante wär der Schildrer
Der Hölle, die von Fuchs bis Wildrer
Dem armen Meister Lampe droht.
Ja, viele Hunde sind sein Tod.
Obwohl der Hase nun kein Held,
Muß er doch täglich neu ins Feld.
Gezwungen, immer auszurücken,
Weiß er auch trefflich sich zu drücken.
Ein »alter Has« kennt jeden Schlich.
Schlägt Haken, überkugelt sich;

Mit offnen Augen schläft das Vieh
Und wie es läuft, das weiß man nie.
Der Has sein Leben gern genösse,
Wenn man nicht immer auf ihn schösse.

Zum Glück sind es nicht lauter Treffer;
Wenn, legt man gerne ihn in Pfeffer,
Den Rücken aber und den Schlegel,
Die spickt und brät man in der Regel.
Daß ihn wer jag in unsre Küche,
Sind meistens lauter leere Sprüche.
Das »Haserl« (Faschings-, Ski- und Bett-)
Gilt jung als ganz besonders nett,
Doch zeigt als Ehfrau Meistrin Lampe
Sich leider oft als eine Schlampe,
Der viel gefällt, was nicht erlaubt. –

Wenn auch die Jugend nicht mehr glaubt,
Daß es ihn gibt: den Osterhas
Macht doch im Frühling allen Spaß.

Verwandt dem Hasen, aber kleiner
Und auf der ganzen Welt gemeiner,
Ist das Kaninchen; wo's verwildert,
Wird es als Landplag oft geschildert.
Des Haustiers Nutzen Rom schon kannte,
Das es in unsre Klöster sandte.
An Fähigkeiten sonst nicht groß:
Fortpflanzungsfähig grenzenlos,
Hält diesen Hasen man in Ställchen.
Man schätzt sein Fleisch wie auch sein Fellchen:
Als Kaninbale frißt man ihn.
Manch edler Pelz ist nur Kanin.
Doch weh dem Tier, das in Verhaft
Nimmt die exakte Wissenschaft!
Zum bösen Spiel ein gutes Mienchen
Muß machen das Versuchskaninchen.
Und auch das Meerschwein (aus Peru)
Zwingt man besonders gern dazu
Sowie – doch greif ich hier voraus –
Die unglückselige weiße Maus.

Der Lemming rast von Fjord zu Fjord;
Dabei kommts oft zum Massenmord:
Zehntausend drängen hinterher –
Die Wanderschar ersäuft im Meer.

Das Stachelschwein (lateinisch hystrix)
Macht manchmal ein Geräusch, ein flüstrigs,
Wenns mit den Stacheln rasselt, zornig,
Halb haarig ist sein Fell, halb dornig.
Stumpfsinnig hausts, doch spitz bestächelt,
Wo ihm Homerus' Sonne lächelt.
Zu große Näh, meint Schopenhauer,
Verträgt nur schwer man auf die Dauer.
Wollt seine Stacheln jeds entfalten,
Die Welt wär nicht mehr auszuhalten.

Der Biber ist ein Wälder-Roder;
Er baut (nicht mehr an Elb und Oder)
Sich seine Burgen mit Geschick,
Verachtet Bauamt und Kritik.

Den dicksten Stamm durchnagt er glatt,
Klopft Lehm mit seinem Schwanze platt,
Denn gut gewohnt ist halb gelebt.
Nach seinem Fell ein jeder strebt:
Zu züchten suchte drum das Tier
Manch abgedankter Offizier;
Doch hat ein einziger Hauptmann bloß
Verdient am Biberpelz ganz groß.

Den Hamster gar in Kriegsnotzeiten
Sahn wandern über Land wir weit,
Als Zeitgenossen, unerfreulich. –
Doch auch das Darben war abscheulich!
Das Paar, der Rammler und die Betze,
Hat seine eignen Wohngesetze:
Ein jedes lebt für sich allein
Und deckt sich dementsprechend ein.
Sie waren sehr für Heil und Sieg,
Denn herrlich lebten sie im Krieg.
Damit man ja Verdacht nicht schöpfe
Ob seiner wohlgefüllten Töpfe,
Klagt er uns vor schier alle Tage,
Daß er am Hungertuche nage.
Goldhamster hält man teils im Stall,
Teils findet man sie überall.

Die Wühlmaus haßts, wenn man sie nennt.
Sie möcht, daß man sie gar nicht kennt.
Ausrotten! – das ist allen klar!
Nur sieht der eine die Gefahr
Bekanntlich schwarz, der andre röter;
Dies rät ein alter Wühlmaustöter.
Man lasse sie ein bißchen wühlen,
Bis sie sich leidlich sicher fühlen.
Dann aber packt man sie und haut se
Mit ihrer allzufrechen Schnauze
Aufs harte Pflaster des Prinzips –
Hin sind sie, ohne einen Pieps!

Weltbürger sind die Mäus und Ratten.
Von Heimatliebe keinen Schatten.
Denn »Ubi bene, patria!«
Wer denkt nicht gleich des Tieres da,
Das Heine schon im Auge hatte:
Die radikale Wanderratte.

Sogar dem Hausratz zum Vertilger
Wird dieser unerwünschte Pilger.
Millionen zu den Schatten riß
Die Pest, erzeugt durch Rattensch . . .
Kein Lebewesen breitet besser
Sich aus, als dieser Allesfresser.
Der Mensch allein hält unerschüttert,
Sogar mit Phrasen bloß gefüttert,
Auf Erden selbst den kargsten Platz.
Er ist noch zäher als der Ratz.
Man weiß, daß Ratten oft in Massen
Das Schiff, bevor es sinkt, verlassen.
Auch kennen wir den Rattenfänger,
Ja, Rattenkönig – doch nicht länger:
Erwähnt sei nur die nimmersatte
Meist nachts erst muntre Leseratte.
Sie wäre höchstens zu vergiften
Mit Akten oder Dienstvorschriften.
Die Ratte, wenn sonst nichts zu kriegen,
Macht sich aus Wiegendrucken Wiegen.
Papier(geld) frißt auch gern die nette
Sündteure Ratte vom Ballette.

Nun käm am Ende noch die Maus. –
Doch leider ist die Predigt aus.

Zahnlücker

Nicht ausgesprochne Weltbeglücker
Sind offensichtlich die Zahnlücker –
Obwohl der Zahn mehr Unheil stiftet,
Ob, wie bei Schlangen, er vergiftet,
Ob, wie beim Tiger, er zu reißig,
Ob, wie beim Nager, er zu fleißig –
Ganz abgesehn vom Zahn der Zeit,
Dagegen keiner ist gefeit.

Das Riesenfaultier, mammutgroß
Und faul natürlich, bodenlos,
Ist ausgestorben, wie man weiß:
Man hat es umgebracht, mit Fleiß!
Ein kleines lebt noch, namens Ai,

In Uru- wie in Paraguay.
Es rührt sich, hängend hoch im Baum,
Mitunter ganze Tage kaum.
Die Früchte wachsen ihm ins Maul,
Doch ists zum Fressen noch zu faul.
Um aber nicht vom Ast zu fallen,
Besitzt es große Sichelkrallen.
Noch nie hat es daran gedacht,
Wie weit durch Arbeit *wirs* gebracht:
Zum Ende der Gemütlichkeit,
Zu Kriegen – wahrlich, herrlich weit!
Vielleicht kehrt, als zum einzigen Glück,
Der Mensch zur Faulheit noch zurück!
Noch kennen andre Gruppen wir,
Wie Gürtel- oder Schuppentier;
Das Gürteltier gibts groß und klein,
Wenn ihm Gefahr droht, rollt sichs ein.
Gepanzert tut sichs schwer im Laufen.
Der Indio muß kein Spielzeug kaufen:
Er läßt die Kinder mit den vielen
Harmlosen Gürteltieren spielen.
In Afrika lebt meist der Schupp,
Bezieht den Panzer nicht von Krupp.
Als manis manisch-depressiv,
Verkriecht er sich in Höhlen tief.

Beutel- und Kloakentiere

Das Beuteltier lief einst herum
Auch hier im Mesozoikum;
Doch sind, woran wohl niemand deutelt,
Wir längst schon völlig ausgebeutelt.
Die Tiere, wohl nicht mehr ganz fertig
Von Gott gemacht, sind gegenwärtig –
A) überhaupt, was sie wohl kränkt –
B) auf Australien, beschränkt.
Bauchläden zeichnen dortselbst aus
Fuchsdachsbärwolfhundbilch und Maus.
Spruchbeutel zählen nicht dazu.
Wir kennen nur das Känguruh,
Das – leider nicht von mir erdacht –
Leerbeutlig große Sprünge macht.

Das neugeborne, winzige Kindel
Zuerst nicht Wiege braucht und Windel;
Acht Monde es im Beutel lebt,
Eh es den Kopf zum Lichte hebt.
Es hat das Glück, genau genommen,
Zweimal auf diese Welt zu kommen.
Selbst später wirds, wenns tags getollt,
Nachts in den Beutel eingerollt.
Auch uns die Kinder, die wir kriegen,
Oft lange auf dem Beutel liegen.

Wir kommen zum Kloakentier –
Schon finden einen Haken wir:
Denn unterwegs zu höhern Zwecken
Bliebs eines Tages hilflos stecken
Und lebt nun, glücklos, in dem Rufe,
Zu sein ein Säuger tiefste Stufe.
Wir bringen erst das Schnabeltier;
Es ist das reinste Fabeltier –

Denn was von Ente, Lurch und Biber
Dem lieben Gotte noch blieb über,
Hat er zusammen hier gesetzt
Und mußte lachen selbst zuletzt:
Es ward ein Tier, ein ungefügtes –
Doch für Australien genügt es.
Obs einmal bessre Zähne hatte?
Längst trägt es eine Gaumenplatte.
Es liebt sehr innig, aber dumpf,
Und ist zwar sinnig, aber stumpf,

Weil fünfundzwanzig Grade nur
Beträgt die Körpertempratur.
Es läßt auch uns drum ziemlich kalt.
Obzwar ganz anders von Gestalt,
Wird dennoch in den gleichen Tiegel
Geworfen der Ameisen-Igel,
Als letztes Säugetier auf Erden. –
Im Himmel mags das erste werden!

Waltiere

In alter Zeit – es war einmal! –
Da lebte noch im Wald der Wal,
Er hatte Füße, gar mit Hufen,
Und schien zum Seemann nicht berufen.
Wie er ins Wasser kam und Eis,
Gehört zu dem, was niemand weiß.
Daß ihn die ahnungslosen Alten
Für einen echten Fisch gehalten,
Ist klar, denn gradso schaut er aus.

Man weiß auch heut noch nichts genaus,
Obwohl gerad im Augenblick
Ein jeder spricht vom Moby Dick.
Zwei Sorten Wal sind zu erwähnen:
Die eine ist bewehrt mit Zähnen,

Die andere, schon mehr entartet,
Ist statt gezähnt nur noch bebartet.
Doch Haare auf den Zähnen nie,
Gottlob, hat dieses Riesenvieh.

Zum Zahnwal zählt man den Delphin.
Von mancher Seefahrt kennt man ihn,
Den unermüdlichen Gesellen,
Früh spielend mit dem Spiel der Wellen,
Was uns entzückt bei schönem Wetter.
Der Schweinsfisch ist sein kleiner Vetter.
Ob Schwein, ob Fisch: auch wenn er schwimmt,
Ein Säu-Getier ist er bestimmt,
Was sich ja daraus schon erklärt,
Daß er sein Kind an Brüsten nährt.
Arion war der Töne Meister:
Als Sänger Griechenland bereist' er.
Die Schiffer warfen ihn ins Meer –
Doch schon schwamm ein Delphin daher
Zu retten ihn; so hoch in Gunst
Stand einst, beim Tier sogar, die Kunst.
Im Nordmeer lebt der Butzkopf, Schwertwal.
Sein Schwert ist zwar nicht deutscher Wertstahl,
Doch fällt er dreist, in blutigem Wahn,
Sogar den Walfisch wölfisch an.

Zu knapp der Raum, daß man mit Fleiß mal'
Ein Bild von Schwarzwal oder Weißwal.
Des Narwals Stoßzahn, schön gedrechselt,
Ward mit dem Einhorn einst verwechselt.
Viel Geld mußt man dafür berappen.
Noch heut führt England es im Wappen.
Dem Pottwal, dem Verdauungs-kranken,
Das teure Ambra wir verdanken:
Nur selten löst ein solcher Fluch
Sich auf in lauter Wohlgeruch.

Der Tierwelt mächtigster Vertreter
Wird lang mitunter dreißig Meter,
Wiegt siebzig Tonnen, nur im Mittel –
Davon allein der Speck ein Drittel.
Sein Maul ist groß, sein Schlund ist klein,
Kaum, daß ein Hering geht hinein.
Drum lebt, trotz seinem Riesenkiefer,
Der Wal von Meeresungeziefer.
Um noch mit Zahlen aufzuwarten:
Fünf Meter lang sind seine Barten,
Dreihundert Stück, im Maule drinnen.
Das Fischbein wir daraus gewinnen,
Das wir jedoch fast nie mehr brauchen,
Seit unsre vielgeliebten Frauchen

Weghungern das verwünschte Fett,
Statt es zu zwängen ins Korsett.
Wild war der Walfang, voll Romantik,
Im Nordmeer einst und im Atlantik.
In Zwanzigtausend-Tonnen-Kähnen,
Zur Trangewinnung, ohne Tränen,
Fahrn wir hinaus, auf ein paar Wochen,
Selbst ausgekocht, den Tran zu kochen.
Zur Walstatt wird das Schiff, zur Küche,
Voll widerwärtiger Gerüche.
Als Wal-Verwandte ich erwähne
Die Sehkuh oder auch Sirene.
Nicht die, für die Odysseus schwärmte,
Noch die, die wüst beim Angriff lärmte,
Nein, eine, die mit Huf und Rüssel
Herumlief einst, sogar bei Brüssel
Und dann ins Wasser ging, schon lang,
Und auch in ihren Untergang.

Hier müßten eigentlich wir stoppen;
Doch nehmen wir hinzu die Robben –
Walrossig, hundig oder öhrig –
Als mittelbar zum Wal gehörig.
Sie watscheln, noch nicht fischentschlossen,
Mühsam an Land auf ihren Flossen.

Haarrobben haben nicht das Ziel,
Die Damen zu erfreun als Seal;
Doch zahlt, wie immer auf der Welt,
Mit seiner Haut, hat wer kein Geld.
Mit Prügel schlägt man tot und Ruder
Das allzu arglos-arme Luder.
Der Eskimo zapft aus den Robben
Den Tran und trinkt ihn, ganze Schoppen.
Die Robbe liebt den Hering sehr.
Sie lebt im kalten Beringmeer,
In Grönland und in Labrador,
Auch tief im Süden kommt sie vor.

Das Walroß wohnt, entsetzlich dick,
Als Pazifist im Pazifik.
Mitunter schwimmts mit großer Eile,
Doch sonst vergehts vor Langeweile.

Specknackig, borstenbärtig, g'sund,
Trifft auch in München, kugelrund,
Urviecher man, mit kurzem Hals. –
Wal-Münchner sind das keinesfalls!

Der Seehund macht es sich bequem:
Ein Kind nur, das ist sein System.
Das eine, wies ja oft geschieht,
Er um so ärger dann verzieht.
Der Seehund schwärmt auch für Musik;
Er hört dort oben meistens Grieg.
Desgleichen heißts, die Töne höben
Das Innenleben der See-Löwen,
Die stolz, als Künstler aufzutreten,
Im Zelt, beim Klange der Trompeten
Weich wiegen ihre glatten Leiber
Wie fette, schwarze Haremsweiber.
Und wirklich wo in Südgeorgien,
Seebären feiern wilde Orgien,
Wobei sie, hört man, selbst das Fressen
Vor lauter Leidenschaft vergessen.
Sonst überlaß das Was und Wie
Ich gern des Lesers Phantasie.

Die Fische

Wer in die Flüsse schaut, ins Meer,
Empfindet sie als äußerst leer;
Und wer mit Netz fischt oder Angel,
Der meint, an Fischen sei ein Mangel.
Brehm aber weiß es wieder besser,
Er sagt, die Mehrzahl der Gewässer
Sei reich an Fischen, ungemein.
Und wenn ers sagt, wirds wohl so sein.

Durch ungeheures Eierlegen
Verschafft der Fisch sich Kindersegen;
Doch sind oft, eh ein Jahr verstreicht,
Schon wieder Leichen, was er laicht.
Ihn schicken in die großen Ferien
Schmarotzer, Seuchen und Bakterien –
Auch wächst kein Haar der ganzen Brut,
Weil sie nichts gegen Schuppen tut.

Ein Irrtum ist es drum, ein krasser,
Man fühl sich »wie der Fisch im Wasser«!
Abwässer, Kraftwerk und Kanal
Vertreiben Huchen, Hecht und Aal.
Jagt man ihn gar mit Hochseeflotten,
Ist auch der Fisch leicht auszurotten.
Der Fisch sei, falls man ihn erwischt,
So frisch wie möglich aufgetischt,
Denn Fisch wie Gast, nicht mehr gefällt er,
Wird er drei Tage alt und älter.

Wir könnten schreiben lange Riemen
Darüber, wie er schnauft durch Kiemen,
Wie, Jahrmillionen immerhin,
Er vorgemacht den Zeppelin,
Wie gut er sieht, durch große Linsen,
So daß er leicht geht durch die Binsen,
Wie, was ein Ausgleich der Natur ist,
Er Rückgrat zeigt, doch dafür stur ist –

Und stumm –, wodurch er keinesfalls
Sich Schererein zieht auf den Hals –
Vor allem, weil er keinen hat;
Er ist vom Kopf zum Schwanze glatt.
Einleuchtend ist ja auch für jeden:
Man kann nicht unter Wasser reden.

Der Zwiebelfisch ist keine Fasten-
Speis – nein, er haust im Setzerkasten.

Der Hering lebt in Salzgewässern –
Teils in der Nordsee, teils in Fässern.
Auf Bänke setzt er sich zur Paarung.

Er ist des armen Menschen Nahrung,
Doch waren froh, ihn sich zu kaufen,
Bereits die Salier und Staufen.
Wenn es auch umgekehrt erst schien:
Bismarck ward weltberühmt durch ihn.

Dem Heringszug, meist fahrplanmäßig,
Folgt Wal und Hai und Mensch gefräßig.
Die Hanse, beispielsweis in Bergen,
Ward reich einst an den Schuppenzwergen;
Das Heringsschwinden ist erklärlich,
Denn zehn Milliarden fischt man jährlich.
Den Hering, meergrün, silbern, reizend,
Hat erst der Mensch, ihn räuchernd, beizend
Und rollend so gemein entstellt. –
Genauso wichtig für die Welt
Als Nahrungsmittel sind die Dorsche –
Wobei ich weiter nicht erforsche,
Wie zueinander stehn genau
Aalraupe, Schellfisch, Kabeljau.
Nicht schmeckt, sogar nach Wässern, Häuten,
Der Klippfisch, Stockfisch bessern Leuten.

Hingegen Schollen sind begehrt:
Wohl dem, den eigne Scholle nährt!
Bei Schollen (Butten, Zungen, Flundern)
Muß die Verwandlung man bewundern:
Nicht von Natur gefallen flach,
Drehn sie sich seitwärts, nach und nach
Das linke Aug fängt an zu wandern,
Bis es herüben ist beim andern.

Nackt, schwarz, mit langem Bart der Wels
Haust tief im Schlamm und hohen Fels.
Den Räuber nachts bei Fackellicht
Der Fischer mit der Gabel sticht.

Schwer fängt den Lachs (den Salm) mein Reim:
Er wird, an sich im Meer daheim,
Geborn im Fluß, vertrackter Weise,
Von seinen Eltern auf der Reise.
Als Sälmling schwimmt, noch jung und munter,
In den Atlantik er hinunter,
Um dann als Salm, nach längern Pausen,
Den Rhein hinauf, bis nach Schaffhausen
Und weiter noch, trotz Fall und Strudeln
Zu steigen – meist in ganzen Rudeln.
Er sucht nach guten Waidgewässern,

Laichplätzen, bei den Eidgenössern.
Dann kehrt er in das Meer zurück. –
Selbst Überfluß ist oft kein Glück:
Ein Schutzgesetz gabs fürs Gesinde,
Daß mans mit Fisch nicht täglich schinde!
Wir fürchten nicht mehr, daß der Lachs
Am End noch aus dem Hals uns wachs.

Der Huchen wird bis zentnerschwer.
Er geht nicht, wie der Lachs, ins Meer;
Mit ausgeprägtem Heimatsinn
Lebt er in Donau, Isar, Inn,
Auch in der Iller und im Lech.
Gefräßig schnappt er selbst nach Blech,
Das man ihm vor die Nase spielt.
O Mensch, nur keinen Hochmut! Hielt
Nicht für bedeutend schon die Welt,
Was sich als Blech herausgestellt?

Die rotgetupfte Bachforelle
Steht häufig an der gleichen Stelle.
Man legt sich bäuchlings an den Rand
Des Baches, streift mit sachter Hand
Den Fisch, der, von der Flut umspült,
Der Finger Tasten gar nicht fühlt.

Ruckzuck! Man hält ihn, unverhofft –
Als Buben taten wir so oft.
Fischfrevel sei zwar nicht empfohlen,
Doch schmeckt am besten, was gestohlen,
Und nicht, wie mirs einst ging, in Ischl,
Für teures Geld ein winzigs Fischl.
Vermutlich eine Regenbogen-,
Die selbst der Wirt im Teich gezogen.
Nicht Bach-Forellen nur sind nett –
Auch die vom Schubert, als Quintett.

Teils blaugesotten, teils als resche
Bratfische ißt man Renk und Äsche,
Die auch noch salmenähnlich sind,
Wie der sich grundlos freuende Stint.
Der zeigt mitunter sich am Haff
So massenhaft, daß alles baff;
Dann wieder ist er äußerst selten. –
Doch nicht als Salm, nur Salmler gelten
Die Serrasalme oder Säger,
Die wüsten Tier- und Menschenjäger.
Wär damals statt ins Meer der Jonas
Gefallen in den Amazonas,
Hätt auf die Knochen ihn, noch warm,
Zernagt gleich der Piraya-Schwarm.

Ob man ihn siede, brate, backe –
Von auserlesnem Wohlgeschmacke
Ist, wenn zu alt nicht und verschleimt,
Der Karpfen, auf den nichts sich reimt,
Weshalb die Dichter, die den Fisch
Sonst gerne bringen auf den Tisch,
Nur selten greifen in die Harpfen,
Ein Lob zu singen auf den Karpfen.

Sein Fleisch ist – sagen, dies erfahren –
Am allerbesten mit fünf Jahren.
Jedoch: zweihundert wird er alt!
Vergleichen wir das nun ganz kalt
Mit dem Verlauf des Menschenlebens:
Wie lang lebt so ein Karpf vergebens!
Die Schleie sucht sich zu verschleiern
Im Schlamm von stillen, tiefen Weihern.
Der Mensch hat den Verstand voraus:
Er läßt die Weiher einfach aus!
Der »Weißfisch« ist oft bunt von Farbe:

Rotauge, Nase, Brachse, Barbe,
Die kleine Laube, die Karausche
Nenn ich im Bogen nur und Bausche.
Der Backfisch schwärmte, fast noch Quappe,
Herum, »Musik« in seiner Mappe;
Bei einigem Reichtum seiner Väter
Ward er sogar zum Goldfisch später.
Und schwämm er selbst im Über-Fluß,
Vorm Fang trotzdem gewarnt sein muß:
Es langt, ein bißchen hinzulangen –
Schon jubelt er: »Ich bin gefangen!«
Den Zierfisch liebt, weil schön und stumm,
Wer schwärmt für das Aquarium,
Doch ists ein ewiger Eiertanz
Mit Sonnenfisch und Schleierschwanz
Und hin ist, frisch vom Ladentisch
Oft über Nacht ein Fadenfisch.

Wer dächt bei einem Karpfenteich
Nicht an den bösen Hecht sogleich?
Lang steht er steif als wie ein Stecken,
Um jäh, dem Tiger gleich an Schrecken
Sowie an queren, dunklen Streifen,
Die armen Fischlein anzugreifen.
Man fängt den Hecht auf hundert Arten,

Teils mit, teils ohne Angelkarten. –
Netzkarten, die ja sonst ermächtigen
Zu vielem, hier zu nichts berechtigen.
Der Hecht, der ärgste Feind des Hechts,
Frißt selbst neun Zehntel des Geschlechts.

Der Hai ist auch ein wüster Fresser,
Der einzige Fisch, dem mit dem Messer –
Wie sonst die Anstandsregel scharf –
Zu Leib gegangen werden darf.
Der Haifisch, wie aus dem Drei-Groschen-
Song jeder weiß, schon abgedroschen,
Trägt seine Zähne im Gesicht.
Des Mörders Messer sieht man nicht.
Was nützts, daß grade sich der Riesen-
Haifisch als harmlos hat erwiesen?
Schwer unterscheiden ihn die Laien:
Sie haben Angst vor allen Haien.
Der Blauhai lebt im Meer, im Roten –
Drum ist dort Baden streng verboten.

Und aus der Menschenfresser Zahl sei
Genannt der Eishai noch und Walhai.
Gewohnt, den Schiffen nachzuziehn
Gelangen überall sie hin.
Ein Wink, wie man das Untier fängt:
Man schwimmt, vom Haifisch arg bedrängt,
Ans Ufer, läuft dann rasch landein,
Den Haifisch immer hinterdrein.
Er schießt voll Gier aufs trockne Land
Und zappelt hilflos dann im Sand.
Vom Haifisch, als des Meers Hyäne,
Ich eine Abart noch erwähne:
Mit ungeheuern Steuerflossen
Kommt der Finanzhai angeschossen
Und er erreicht es ganz bestimmt,
Daß niemand mehr im Gelde schwimmt.
Hierher zähln auch die Zitterrochen:
Sie haben echte Flitterwochen
Und kriegen, diese recht benutzend,
Lebendige Junge, wohl ein Dutzend.

Was sonst noch haust im Reich Neptuns
Ist, leider, viel zu viel für uns.
Der Flugfisch hebt sich aus dem Feuchten,
Der Tiefseefisch kann magisch leuchten,

Das Seepferd gar, so kraus und klein,
Beansprucht noch, ein Fisch zu sein.
Beinahe wär uns – wie fatal! –
Entschlüpft der allzuglatte Aal.
Er laicht und wandert, wie man lehrt,
So wie der Lachs – nur umgekehrt.

Der Stör ist, außer den paar Löchern,
Die jedes Tier hat, rundum knöchern.
Der Stör auf Stör ging, Jahr für Jahr
Und brachte selbst den Kaviar,
Der aller Welt ein Hochgenuß,
Den Rhein herauf und Elbefluß;
Ob aber Oder oder Ob?
Noch mehr verdient der Hausen Lob,
Der riesenhaft und tonnenschwer

Heraufsteigt aus dem Schwarzen Meer.
Doch wird die Hausenblase jetzt
Durch Kunstharz mit Erfolg ersetzt.
Der Blick trüb in die Zukunft taucht:
Der Mensch das Tier bald nicht mehr braucht!

Der Thunfisch darf zuletzt nicht fehlen,
Der Riese unter den Makrelen.
Er zieht, nur folgend seinem Fraße,
In jedem Jahr dieselbe Straße.
Der Mensch sperrt, auf gedrangem Steg,
Als Mörder plötzlich seinen Weg
Und schlägt, Blut muß in Strömen fließen,
Mit Prügeln tot die armen Riesen.
Ganz schauerlich – und doch empföhl
Ich Thunfisch in Olivenöl.

Der Fisch, als Fastenspeis gepriesen
Und auch als »Steckerlfisch« der »Wiesen«,
Hat schon seit Urzeit hohen Ruhm.
Sinnbild ward er dem Christentum.
Ein armer Fischer war Sankt Peter;
Zum Menschenfischer ward er später.
Es sei drum auch die letzte Zeil
Der alte Sportgruß: »Petri Heil!«

Kriechtiere

Die Fische sind nun durchgenommen.
Kriechtiere jetzt und Lurche kommen.
Reptilien (Schlangen, Schleichen, Echsen)
Zähln zu den ersteren Gewächsen,
Doch untern Lurchen trifft man solche
Wie Frösche, Salamander, Molche.
Bei Kröten geht es mitten durch:
Mit Schild: Reptil, doch ohne: Lurch.

Auf jeden Fall: wir finden beide
Recht tief schon sitzend in der Kreide,
Wo Viktor Scheffel unter Palmen
Sie traf und unter Schachtelhalmen.
Unzeitgemäß warn sie unsagbar:
Sie waren einfach nicht mehr tragbar
Und wüst im Schlamm versank als ganzer
Schon in der Urzeit mancher Panzer.
»Nach uns die Sintflut!« – aber nein:
Sie tappten mitten schon hinein!
Schlecht Wetter machte auf die Dauer
Den Sauriern das Leben sauer,
Es fror sie scheußlich an den Beinern,

’s kam vom Verkalken zum Versteinern,
Sie ließen ihre wilde Welt
Um, staatlich an- und ausgestellt
Zwar unbeheizt, in den Museen,
Doch sonst gemütlich rumzustehn.
Den Lindwurm sahen noch, den Drachen,
Die schönen Jungfraun wir bewachen,
Ein Untier, schreckenvoll und greulich.
Doch seit die Welt nicht mehr jungfräulich
Und auch gar nicht mehr ritterlich,
Da weint’ der Lindwurm bitterlich.

Gezählt warn seine Erdentage –
Er flüchtete ins Reich der Sage;
Als in die Litratur Verschlagner
Lebt er bei Schiller noch und Wagner.

So manche wissen mit den Schlangen
Im Grunde nicht viel anzufangen.
Wir kehren uns da nicht daran
Und fangen mit den Schlangen an.
Sie sind teils riesig, teils ganz klein
Und haben weder Arm noch Bein.
Jedoch der Forscher schließen muß:
Einst hatten Schlangen Hand und Fuß.
Das Tier im Staub müßt uns erbarmen:
Wie strampelt doch mit seinen Armen
Und Beinen oft ein Kind vergnügt!

Daß sie so boshaft ist und lügt,
Kommt nur daher, daß man sie tritt
Und daß sie stets Verachtung litt.
Der Mensch selbst den Charakter wandelt,
Wenn man nicht menschlich ihn behandelt.

Die Schlange, bis zum Schwanz nur Hals
Und doppelzüngig jedenfalls,
Ist unbewaffnet, notabene,
Hier andersrum: bis auf die Zähne!
Als Gott darüber nachgedacht,
Was man aus Nichts am besten macht,
Da schoß er weit gleich übers Ziel –
Zwei Menschen waren schon zu viel!
Man weiß, die Schlange, tief verderbt,
Hat uns den Sündenfall vererbt.
Ja, wenn wir seither klüger wären!
Doch immer wieder Schlangen nähren
Am Busen wir – und nicht nur kleine:
Die Abgott-Schlange ist so eine!
Der Menschheit brachte Schlangendienst,
Wo er auch auftrat, nie Gewinst.

Die Schlange trinkt, den Durst zu löschen,
Gern Milch; sonst nährt sie sich von Fröschen,
Verschlingt die Ratten und die Mäuse

Und frißt das Ei samt dem Gehäuse,
Das sie im Schlunde erst zerbricht. –
Doch »Schlangenfraß«, den mag sie nicht.
Was man sich kaum zu wünschen traut,
Sie kanns: sie fährt aus ihrer Haut.

Die Bibel schon erwähnt ein großes
Wett-Schlangenzaubern unter Moses,
Wo unter allgemeinem Schrecken
Zu Nattern wurden Wanderstecken.
Auch heut sind wenige geübter
Darin, als Inder und Ägypter.
Taub sind die Schlangen, und das Flöten
Wär, sagt man, durchaus nicht vonnöten.
Auf Filz läßt beißen man so lang,
Bis sie es müde wird, die Schlang.
Auch in der Eh' gibts auf, wer sieht,
Er beißt beim andern auf Granit.
Ein Rat: Gift sich nicht sammeln lassen!
Beim Biß ist Schnaps erlaubt in Massen.

Hutschlangen von der Gattung Naja –
Am Nil wie auch am Himalaya –
Uräus – oder Cobra heißen;
Ins Gras beißt jeder, den sie beißen.
Blind schleichen Fraun, obzwar nicht gern:
Die Brillenschlang mißfällt den Herrn.
Puff-Ottern – sagt das nicht genug?
's geht so wo gar nicht hin, wer klug.
Die Rotkreuzottern sind von Nutzen
die Hauskreuzottern Fenster putzen
Und fressen Staub und gar mit Lust,
Wie es Mephisto schon gewußt.
Die Viper trägt ein Doppelhorn
Und zwar an ihrem Kopfe, vorn;
Wogegen Klapperschlangen ganz
Weit hinten klappern, mit dem Schwanz.

Gnug von dem Giftzeug ist geschrieben. –
Doch Ringelnattern soll man lieben
Als hausbehütend zahme Schlangen. –
Vom Frosch kann man das nicht verlangen;
Er hat zu ihnen eine schiefe
Und stark verzerrte Perspektive.

Drei Indianer, müd vom Laufen,
Die setzten sich, um zu verschnaufen,
auf einen »Baumstamm« ach, vielmehr,
Sie wähnten, daß es einer wär.
Kaum, daß der erste richtig saß,
Die Riesenschlange ihn schon fraß.
Die andern, sehend dies Gefresse,
Entflohn und brachtens in die Presse.
Noch ärger, bei Homerus schon:
Die Schlangen des Laokoon.
Doch wollen wir uns lieber hüten,
Zu tauchen in verschollne Mythen.
Auch Luftschlang, Ansteh-, Heizungs-, See-
Sowie die Schlangenlinie,
Worunter auch die Serpentinen,
Nicht weiter Würdigung verdienen.

Echsen

Zum Fremden-Strome ward der Nil.
Flußaufwärts floh das Krokodil.
Der Heimat weint es nach voll Sehnen –
Nichts wert sind Krokodiles-Tränen.
Man sagt vom Krokodil, es zeige
auf trocknem Land sich ziemlich feige,
So daß mans leicht am Schwanze packe;
Auch wenn man laufe zicke-zacke,
So heißt es, daß man ihm entrönne,
Weils gradeaus bloß laufen könne.
Jedoch beweist es Kraft und List,
Sobald es erst im Wasser ist.
Das Leisten-Krokodil vom Ganges
Ist ein beinah neun Meter langes.
Dort, als Begräbnis-Institut,
Nährt auch der Gavial sich gut.
Je nach der Kaste und der Kasse
Läßt man sich fressen erster Klasse.
Oft spielt er den Justizminister:
Wenn einer schuldig ist, den frißt er.
Ein Mensch, verdächtig böser Taten,
Muß durch den heiligen Ganges waten.

Doch leider ist bei solchen Possen
Justizirrtum nicht ausgeschlossen.
Vom Krokodilgeschlecht entfällt
Ein Teil auch auf die Neue Welt;
Nur anders von Gebiß und Lippen
Sind diese Mississippisippen.
Den Alligator kennt ein jeder;
Er liefert uns das schönste Leder.
In seinem Sumpf herrscht Neid und Stunk,
Fast wie bei Presse, Film und Funk.

Die Eidechs, heut meist winzig nur,
Ist dennoch adlig und zwar ur-!
Sie stammt – und hat es nachgewiesen –
Von jenen alten Saurier-Riesen,
Die, der Feudalzeit Fürst – und Grafen,
Seither in steinernen Särgen schlafen,

Und zwar nicht nur als Nebenlinie,
Nein, schnurgerad, wie eine Pinie,
Als Eidechs-Eidechs, sozusagen,
Im Adelsbuche eingetragen.
Sie selber kein Gedächtnis hat:
Was eben war, vergißt sie glatt!
Der alte Goethe schon erkennts:
Kurz ist des Tieres Existenz.
Der Mensch sein Leben erst verlängert,
Indem ers mit Erinnrung schwängert.
Die Echsen klettern rasch und kühn.
Sie sind bald grau, bald braun, bald grün.
Manch eine leuchtet wie Smaragd.
Im Sommer gehn sie auf die Jagd;
Auf Burgen, winters, wohl vergraben
Freun sie sich, nichts zu tun zu haben.

Nicht immer kann der Volksmund taugen:
Die Blindschleich hat zwei goldne Augen
Und daran sogar Augenlider.
Sie kommt mit lebenden Jungen nieder.
Wir streifen kurz nur die Agamen;
Der Moloch ist nur mehr ein Namen.
Gefräßig aber zeigt sich doch
Auch heut der Militär-Moloch.

Mitunter trifft uns, hinterhäuslich,
Ein Basilisken-Blick, ganz scheußlich.
Das Beste: scharf ins Auge fassen
Und sich nicht bange machen lassen!
Das meiste vom Chamäleon –
Am Mittelmeere – wißt Ihr schon:
Es kann in vielen Farben spielen,
Mit jedem Auge anders schielen.

Es ist darum von alters her
Das Sinnbild der Politiker.
Was wir nur wünschen, wild ergrimmt:
Der Gecko an den Wänden klimmt.
Schildkröten gibt es in zwei Gruppen:
Für Schildpatt und für Turtle-Suppen.
Im schweren Panzer die Karette
Muß schlafen nachts sogar im Bette.
Nicht wie die Venus schön von Milo
Erweckt, mit rund fünfhundert Kilo,
Die Riesenschildkröt, feist wie zart,
Nur Fleischeslüste niedrer Art.

Lurche

Der Kröte, nicht zu ihrem Heil,
Begegnet manches Vorurteil.
Ihr Auge, schön und seelenvoll
Sie uns doch mehr empfehlen soll;
Des Märchens heimlichste Gestalt,
Wird sie voll Weisheit und uralt.
Was tun, wenn immer wieder flöten
Uns gehn die paar ersparten Kröten?

Der Laubfrosch, den im runden Glas
Manch grüner Junge wohl besaß,
Verkündete auf seiner Leiter
Obs Wetter schlecht wird oder heiter,
Nicht falscher, als der Rundfunk später. –

Wir liebten, älter dann und Väter
Den Nacktfrosch (nicht der Abenteuer
Gefährlich süße Ungeheuer):
Die Kinder, die im Wasserbecken
Der Eltern Jubel baß erwecken.
Mit Recht sagt man: ein nasser Frosch.
Der Frosch ist meist ein Wasserfrosch.
Den Knallfrosch wir, den pulverscharfen,
Als Buben voller Tücke warfen.
Der Ochsenfrosch mit seinem Brüllen
Soll halb Amerika erfüllen.
Er platzt sogar, aus Geltungstrieb.
Man hat ihn nur zum Fressen lieb,
Wie Wahrheit überhaupt und Fabel
Trägt quasi ihren Frosch im Schnabel.
Die Frösche, die im Eise staken,
Beschlossen, nicht mehr wüst zu quaken,
Sobald, denkt des Gedichts von Goethe,
Der Frühling Raum zum Singen böte.
Doch, käm ein Völkerfrühling gar,
Es quakte wieder doch die Schar.

Noch eins: Seid milde in dem Punkt:
Die Unke weiß nicht, daß sie unkt!
Eh uns im Halse wächst ein Frosch

Und Lesers Lurche-Liebe losch,
Rasch weiter zu den Salamandern.
Bergmandel nach dem Regen wandern,
Kohlschwarze Gummi-Ungeheuer.
Schwarzgelb und größer ist der Feuer –.
Den Feiersalamander lieben
Studenten – nur, wenn er gerieben.
Der große Olm lebt in Dalmatien
In Grotten – keine der drei Grazien,
man siehts, an seiner Wiege stand.
Den Axolotl Humboldt fand
In Mexiko, wo Vitzliputzli
Dem kleinen Tiere seinen Schutz lieh.
So sind wir durch das Kriechtier ganz durch,
Von Schlang und Echse bis zum Schwanzlurch.

Die Vögel

Bei Forschern ist der Satz beliebt,
Daß es nichts gibt, was es nicht gibt.
Und zu beweisen wär rein vöglich,
Daß nichts in der Natur unmöglich.
Leicht sei der Vogel, meint zwar jeder,
Zu kennen an Gesang und Feder,
Und dennoch bangt man, ob mans trifft,
Als Vogelsteller wie als Schrift-,
Auch wenn man sich, auf daß es glückt,
Mit fremden Federn manchmal schmückt.

Einst ging der Vogel auf vier Füßen;
Die Vorderbeine einzubüßen,
War aber für ihn recht vergnüglich;
Er kann jetzt, ausgestattet flüglich,
Sich schwingen vogelfrei ins Blau,
Die Welt sehn aus der Vogelschau;
Er kommt, was schwer der Mensch erreicht,
auf einen grünen Zweig gar leicht.
Zum Schnabel wurden Mund und Nasen,
Die Knochen sind voll Luft geblasen
Und Fieber, ohne daß es schad,

Hat meist er, über vierzig Grad.
Es wird sein Sang zur hohen Kunst
Besonders um die Zeit der Brunst,
Die ja, man weiß aus eigner Lieb es
Triebfeder künstlerischen Triebes.
Die Männchen sind die bessern Töner,
Sie sind auch hochzeitskleidlich schöner.
Der eine macht es mehr durch Lieder,
Der andre mit dem Goldgefieder.

Spaßvögel sind oft ziemlich locker;
Nestflüchter gibt es und Nesthocker.
Standvögel bleiben, wo sie sind;
Strichvögel wechseln wie der Wind;
Zugvögel ziehn nach Afrika
Und sind oft in vier Tagen da,
Wenn sie nicht in das Netz geraten
Der Italiener, die sie braten.

Der Vögel König, wie ihr wißt,
Der Adler, weil rein aarisch, ist.
Seit Urzeit wars des Aars Bestreben,
In höchsten Kreisen nur zu schweben.
Doch seine Gegner sehen kalt
In ihm das Sinnbild der Gewalt.
Dem Heiligen Römischen Reich zur Zier
Ward er bestellt als Wappentier.
Von den zwei Köpfen ist nicht klar,
Ob einer nicht ein Dummkopf war.

Der Adler nicht, wie mancher glaubt,
Der Falk ist das Familienhaupt;
Als Kind schon lernt er das Gerüttel.
Der edle Jagdfalk wird zum Büttel,
Ja, wird im Menschendienst ein Schuft:
Er holt den Reiher aus der Luft.
Der Bussard kreist, zumeist ein Paar,
Hoch über uns das ganze Jahr.

Jedoch ausschließlich für die Mäuse
Und Schlangen zieht das weitre Kreise.

Der Geier scheußliche Natur
Befähigt sie zur Müll-Abfuhr.
Bestattungen, sowohl in Masse,
Besorgen sie, wie erster Klasse,
Zu welchem Zweck man für sie eigens
In Indien baut den Turm des Schweigens.
Der Mensch stürzt (ihr meint, besser sei er?)
Sich auf die Erbschaft, wie ein Geier.

Noch gibts den Kondor in den Anden.
Bei uns die Lämmergeier schwanden.
Nur noch im Film sieht man sie horsten.
Ihr Barthaar sind nur Stoppelborsten,
Falls jemand meint, ihr Haupt umrahms
Wild wie bei Nietzsche oder Brahms.
Gewöhnlich nach verlornen Kriegen
Sieht man die Pleitegeier fliegen.
Und was an Geiern sonst da haust
Und von dem Aase schmutzig schmaust.

Die Eule ist (lateinisch strix)
Berühmt ob ihres scharfen Blicks.

Als kluge Menschen gelten jene,
Die eulenäugig (wie Athene).
Die Eul ist nur durch Schweigen klug.
Lautlos, gespenstisch ist ihr Flug.

Im Finstern schlagen wir ein Kreuzchen,
Hörn klagen wir das ärme Käuzchen.
Vorm Totenvogel jedem grauts.
Und doch, als komisch gilt der Kauz.
Er selbst legt darauf wenig Wert.
Den Eulenspiegel, umgekehrt,
Freut sein spaß-vögliches Bestreben:
Es muß auch solche Käuze geben!

Der Uhu, Bubo oder Auf
Hält tags sich im Verborgnen auf,
Weil er fürs helle Licht nicht schwärmt;
Der Spott der Vögel ihn umlärmt;

Doch nachts, wenn seine Sterne strahlen,
Gedenkt ers ihnen heimzuzahlen.
Der Uhu ist zwar sehr gefräßig,
Jedoch im Trinken ist er mäßig.
Der »b'suffne Uhu« ist daher
Vertretbar wissenschaftlich schwer.

Die Edelraben oder Kolk-
Warn einst bekannt im deutschen Volk,
Als man sie unter jedem Galgen
Um die Gehenkten sich sah balgen.
Sie hackten bei dem Leichenschmaus
Einander nie die Augen aus.
Oft meint man, daß man Raben sähe,
Doch ist es nur die Rabenkrähe.
Ihr Unterschied ist unerheblich
Zur Nebelkrähe, die, wenns neblich,
Von Osten kommt, im Herbst und Winter.

Saatkrähen, bläulich, stelzen hinter
Dem Pflug her, nach Gewürm zu graben.
Das Volk nennt auch die Krähen: Raben.
Sie werden zahm zwar, lernen sprechen,
Doch bleibt die Neigung zum Verbrechen.
»Grab, Grab!« der Unglücksrabe schreit
Und geht auch immer schwarz gekleidt.
Hingegen für die eigne Brut
Die Rabeneltern sorgen gut,
Die »Rabentraulichkeit« zusammen.
Drum sollte man sie nicht nur verdammen.
Die Krähe oft auf Eier trifft,
Auf denen klar steht: »Vorsicht Gift!«
Sie stirbt, weil sie nicht lesen kann:
Man sieht, an Bildung ist was dran!
Wird irgendwo ein Ring gestohlen,
Dann warns gewiß die »Dacheln«, Dohlen
Auf die man erst Verdacht geschöpft,
Wenn man den Falschen schon geköpft.
»Solln dich die Dohlen nicht umschrei'n,
Mußt Knopf nicht auf dem Kirchturm sein!«
Zum Raben so was wie ein Schwäher
Ist Garrulus, der Eichelhäher.
Kaum sind die Kirschen recht im Fleisch,
Naht er mit häßlichem Gekreisch,

Um uns bereits am frühen Morgen
Die Müh des Erntens zu besorgen.
Doch gerne trägt am Hut ein jeder
Die weiß und blaue Häherfeder.

Der Specht (von Spähen oder Spechten)
Schaut stets im Walde nach dem Rechten.
Vom Morgen bis zum Abenddämmern
Hört man ihn wild an Bäumen hämmern.
Noch kommt der große Buntspecht vor.
Er brachte es bis zum Major.
Der Schwarzspecht sieht die Zukunft schwarz:
Dahin gehn Schwarzwald, Spechtshart, Harz.
Der Grünspecht grünt im Schnee und Eis;
Er gilt im Volk als Naseweis.

Dem Tukan kämst du auf die Spur bald,
Durchzögest du Brasiliens Urwald,
Wo man mit Pfeilen, schwach voll Gift,
Ihn nur betäubt, wenn man ihn trifft.

Hat man der Federn ihn beraubt,
Wird ihm der Weiterflug erlaubt.
's gwöhnt mit jedem Treffer besser
Daran sich dieser Pfefferfresser.

Noch weitaus wuchtiger, rein nasisch,
Doch afrikanisch oder asisch
Ist, ohne jegliches Gemogel,
Der Hornrab oder Nashornvogel.
Das Weibchen wird, was man bedauert,
Mit Lehm vom Männchen eingemauert,
Gefüttert nur durch einen Spalt.
Auf solche Weise, mit Gewalt!,
Erhält der Ehemann es keusch. –
Er fliegt mit sausendem Geräusch.

Man sagt, der Wahrheit nicht gemäß,
Daß wer nur wie ein Vogel äß.
Ganz falsch! Hier dien uns als Beweis
Der Martinsvogel oder Eis-.
Ein Mensch, so gierig auch nur halb,
Fräß jeden Tag ein ganzes Kalb.
Wir sahn den Vogel winters flitzen,
Am Bach wie Edelsteine blitzen.
Bis wir ihn zeigen unserem Sohn,

Lebt er nur mehr im Lexikon.
Vorbei, wie man auch drüber klage,
Sind längst die halkyonischen Tage.
Den ganzen Tag, damit dus weißt,
Sagt dir der Kuckuck, wie er heißt.
Kein Mensch den Kuckuck je vergißt –
Der weiß, was Propaganda ist.
Viel gilt – und gar beim erstenmal –
Sein Ruf uns als Orakelzahl.
Oft kennt man ihn vom Pfänden nur.
Beliebter ist die Kuckucksuhr.
Ein jeder weiß das mit dem Ei.
Im Sommer stirbt der Kuckucks Schrei ...
Und niemand siehts: wo flog er hin?
Drum hält man für unsterblich ihn.
Der Wiedehopf, der Kuckucksküster,
Ist kein so freudevoll Begrüßter,
Trotz seinem schönen Federnschopf,
Denn leider stinkt der schmutzige Tropf.

Der Storch – wie könnt es anders sein? –
Stellt sich bei so viel Vögeln ein.
Von fremden Vögeln zählt dazu
Der würdevolle Marabu,
Auch Adjutant; bei heiklen Sachen

Weiß er: »Nur Ruhe kann es machen!«
Zu kümmern sich um jeden Dreck,
Ist auch des Adjutanten Zweck.
Im Zoo sieht man Flamingos stehn,
Die rosig in die Zukunft sehn.

Der Klapperstorch, Freund Adebar,
War einst in Deuschland gar nicht rar.
Ins selbe Nest flog stets das Pärchen.
Jetzt wird er mehr und mehr zum Märchen,
Und jeder Knirps weiß, was das heißt,
Daß er ins Bein die Mutter beißt.
Der Storch, der selbst nicht singen kann,
Erklärt drum, viel sei nicht daran.

Vom Reiher, der nun an der Reih,
Gibts Fisch- und Edel-, also zwei.
Des einen Schopf drei Federn schmücken,
Der andre trägt sie auf dem Rücken.
Der Mensch, von ihrer Pracht gereizt,

Hat drum den Reiher einst gebeizt,
Das heißt, durch einen Falken fassen
Und hernach wieder fliegen lassen.

Der Ibis war am Nil geheiligt;
Unwissend selbst und unbeteiligt
Führt, als Nutznießer des Systems,
Er dort ein Leben, ein bequems.

Der Kranich fliegt und geht zu Fuß.
Er hat – und heißt darum grus grus –
Den Gruß, wie Schiller uns gedichtet,
Des Ibykus wohl ausgerichtet.
Auf Schusters Rappen Trappen laufen.

Atrappen gabs, statt was zu kaufen.
Sehr häufig wird in Wörishofen
Der Wassertreter angetroffen;
Ihn zu verspotten, wäre töricht.
Rohrdommeln tummeln sich im Röhricht.

Die wackern Jäger rüsten sich
Um Oculi zum Schnepfenstrich.

Die Schnepfe, feld-wald-wiesenländlich,
Ist unterschieden, selbstverständlich,
Von jener, die in dünnen Strümpfen
Herumstreicht in den Großstadtsümpfen,
Meist seelisch wüst, doch schön behintert,
Und die dortselbst auch überwintert;
Die Großstadt-Schnepfe ist viel träger –
Leicht ist die Jagd für Schürzenjäger.

Zum Regenpfeifer, dem Bengt Berg
Gewidmet hat ein eignes Werk,
Zählt auch der Kiebitz, unbeliebt,
Wenn er uns gute Lehren gibt.
Er ist ein aufgeregter Schreier;
Doch herrlich schmecken seine Eier.

Unschuldig wie ein Fragebogen,
anmutig kommt der Schwan gezogen,
Hebt seinen Hals, den süßen, weißen –
Um bös zu zischen und zu beißen.
Das eitle Tier hat seine Sorgen:
Die wüsten Beine hälts verborgen.
Wir kennen es aus Kunst und Märchen;
Fürs Leben treu ist sich ein Pärchen,
Bis ihre Ehe zäh wie Leder.

Denn eine Leda kriegt nicht jeder.
Seit der Antike ists vorbei
Mit dieser Art von Schwanerei.
Das Ei des Höckerschwans man hält
Fürs größte unsrer Vogelwelt.
Dem Singschwan (cygnus musicus)
Schwants manchmal, daß er sterben muß;
Dann läßt er vorher, süß und bang
Ertönen seinen Schwanengesang:
Bekannt ist jener der Romantik;
Die Welt von heute ist so grantig,
Daß sie dahinstirbt, ganz gesanglos –
Was bei dem Lärm ja auch belanglos.

Die Gans tat viel für unser Wohl:
Sie rettete das Kapitol,
Sie mußte Federn lassen, viele,
Für Betten und für Gänsekiele,
Womit manch Großer schrieb, was jetzt
In »Gänsefüßchen« wird gesetzt.

Von Nutzen ist es, sie zu braten –
Doch weniger, sie heizuraten. –
Zwar, wenn man auf die Preise schaut,
Kriegt man schon eine Gänsehaut:
Einmal im Jahr man vielleicht kanns
Sich leisten als Kirchweihnachtsgans.
Die Zeitungsente ausgenommen,
Ist auch die Ente uns willkommen
die jeden Dreck, auf Wunder-Art,
In Fleisch verwandelt, feist und zart.

Der Möwe Leibspeis ist der Fisch.
Sie hat ihn alle Tage frisch,
Sofern sie nicht, ein wüster Schreier,
Rumzieht als Großstadt-Abfall-Geier.
Die Möwen sind sehr spitzgeflügelt.
Schon Morgenstern hat witzgeklügelt,
Sie sähn in ihrem weißen Flaus,

Als ob sie Emma hießen, aus.
Doch uns, ob mit, ob ohne Emma,
Ergreift viel ernster das Dilemma,
Was just für Möwen wir an süßen
Wie salzigen Gewässern grüßen;
Denn unser Wissen ist recht schwach.
An Binnenseen ists oft die Lach-.
Doch andre, die ihr ziemlich gleichen,
Im Durchzug auch vorüberstreichen.

Des Riesenalken Spur verliert sich
Schon achtzehnhundertvierundvierzig,
Wobei doch ziemlich sonderbar,
Daß man genau das weiß aufs Jahr.
Man zahlte für ein Riesen-Alk-Ei
Schon immer mehr als für ein Kalkei,
Doch hab vergessen ich die Summe.
Auf Helgoland die Trottel-Lumme,
Sowie die Teiste und den Lund
Gibts noch in großer Zahl zur Stund.

Vom Sturmgevögel nenn ich bloß
Den schwarzbeschwingten Albatros,
Der weit durchs Meer des Südens strolcht
Und tagelang den Schiffen folcht.

Der Pelikan ins Herz sich sticht,
Aus übertriebner Mutterpflicht.
Doch ist der Pinguin der beste:
Er wahrt sich seine weiße Weste.
Kaum noch ein Vogel, sondern dicklich
Zum Seehund mehr sich hin entwicklich,
Sitzt er, gelangweilt und oft müd wohl,
Das ganze Jahr auf seinem Südpol. –
Zum Glück kein Zigarettenraucher:
Er würde sonst zum Kettenraucher.

Der Schwimmer Haupterzeugnis ist
Guano, der berühmte Mist.
Die Folge eines Vogeldrecks
Ist nur ein ärgerlicher Klecks,
Doch Schmutz gehäuft mit Zinseszins,
Gibt hohe Berge des Gewinns.

Des Friedenstifters Ruhm genoß,
Wer Öl einst auf die Wogen goß.
Heut bringts, als Untat, nur Verderben:
Das schauerliche Vogelsterben!

Wir kommen zu den Hühnern nun.
Vom indischen Bankiva-Huhn
(Fasanenartig) abgeleitet,
Ist jetzt das Haushuhn weit verbreitet.
Der Hühnerzüchter, fast schon manisch,
Kreuzt und veredelt welsch und spanisch,
Zieht Nackthals, Leghorn, Steiermärker,
Bald in bezug auf Eier stärker,
Bald mehr als Brat- und Suppenhuhn,
Bald mehr zum Spaß, wie's Struppenhuhn.
Besonders kühne Hühner seien,
Sagt man, die Hähne der Malaien.
Eunuchen wir Kapaunen nennen;
Poularden fettgemachte Hennen.
Besonders hat die Zucht der Küken –
Die Bäurin weiß es – ihre Tücken.
Kaum wächst ein Tierlein, so ein liebs,
Fällt es schon um und hat den Pips.
Der Hahn im Korb ist meist ein Tropf.
Wer hätt nicht gern sein Huhn im Topf?

Vom alten Turmhahn gibt Bericht
Uns Mörike – ein Prachtgedicht.
Den roten Hahn setzt man aufs Dach.
Krampfhennen kräht kein Gockel nach.
Der Schnapphahn sucht was zu erwischen.
Den Knurrhahn zählt man zu den Fischen.
Kokett ist Frankreichs Hahn im Wappen.
Der Hahnenkamm ziert Narrenkappen;
Mephisto trägt die Hahnenfeder,
Des armen Hahnrei's spottet jeder.
Das Hühnerauge einsam wacht
Oft in der tiefen Mitternacht.
Es weissagt, wie der Hahn, das Wetter.
Der weckt mit Kikeriki-Geschmetter
Die Frühaufsteher, die dann dumm
Den ganzen Tag oft stehn herum.
Ein guter Hahn wird selten fett.
Geh mit den Hühnern früh zu Bett!
Jedoch als Ausnahm von der Regel:
Das Sumpfhuhn wird erst abends kregel.
Und: Junggesell wie Gockel enden
Oft unter einer Köchin Händen.

Vom Perlhuhn sagte Morgenstern,
Es zähle seine Perlen gern;

Doch der Kollege irrt dabei,
Denn zählen kann es nicht bis drei.

Als Gott den Pfau gemacht, den pavo,
Da sprach er zu sich selber »bravo!«
Als Rangabzeichen mußten dienen
Die Federn einst den Mandarinen,
Als dort geherrscht der alte Zopf noch. –
Wir stecken Orden uns ins Knopfloch.
Am Phasis-Fluß zuerst erschauten
Den Goldfasan die Argonauten.
Wie teuer uns die »Goldfasanen«
Noch kämen, konnten sie nicht ahnen.

Der Auerhahn, teils bunt, teils schwarz,
Lebt im Gebirg – auch noch im Harz,
Beginnt, in Lichtungen des Walds
Im März mit der berühmten Balz.
Er knappt und trillert, schleift und sträubt
Die Federn, wankt auch, wie betäubt.
Dann reitet – wenn ihr Jäger fragt –
Der Hahn vom Baum ab, wenn es tagt;
Der Auerhahn, ums Morgenrot,
Stirbt einen schönen Liebestod:
Vor Lust merkt er den Jäger nicht;
Der schießt, beim ersten Büchsenlicht.

Der Birkhahn treibt es fast noch kühner.
Jedoch die Schnee- und Haselhühner
Sind in der Hinsicht ziemlich lahm;
Sie leben nämlich monogam.
Das Rebhuhn, auf lateinisch perdix,
Ist ein Geschöpf, ein beinah erdigs.
Nur schwer sieht mans am Boden hocken.
In Ketten fliegts, als würf wer Brocken.
Der Mensch zählts zu den edlen Künsten,
Dergleichen Vögel sanft zu dünsten;
Und ohne alle Trauer schaut
Die Leichen er auf Sauerkraut.

Noch ein Bekannter fehlt, ein guter:
Der Truthahn ist es, unser Puter.
Er ist sehr dumm, doch noch viel dümmer
die Pute ist, das Frauenzimmer.

Früh hat die Taube sich bewährt:
Sie hat zuerst fern-aufgeklärt;
Als Vater Noah in dem Kasten
Genug vom Schwimmen hatt und Fasten,
Da schickte er die Taube aus –
Den Ölzweig brachte sie nach Haus.
Seitdem besteht ein frommer Glaube,
Es gebe eine Friedenstaube.

Matthäus ohne Falsch sie nennt;
Das kann nur tun, wer sie nicht kennt.
Besonders meint die Stadt Venedig
Es mit den lieben Täubchen gnädig.

Lockvögel sind dort diese braven
Für ungezählte Fotografen.
Das Lied: »Wenn ich ein Vöglein wär ...«
War einmal riesig populär:
Die Taube hat, der Venus heilig,
Vermittelt Liebeswünsche eilig.

Der Papagei lebt hier und da:
In Asien und in Afrika,
Amerika, wo aus Peru
Einst kam der Inkakakadu.
Jedoch die Hälfte ist australisch.
Der Papagei ist musikalisch,
Und Plinius bereits führt an
Den Vogel, welcher reden kann.

Kreuzritter brachten, Seeleut später
Ihn her zu uns, als brave Väter.
Selbst Alexander kannt' ihn schon:
Berühmt ist der von Robinson.
Der Indio hält sie wie Hühner.
Teils sind sie grün, teils noch viel grüner,

Und schildern könnt man kaum den Fittich
Von Amazone, Lori, Sittich.

Man sagt, daß seinen Vogel habe
Jedweder, der durchs Leben trabe.
Doch leider treffen wir fast nie
Darunter einen Kolibri,
Die, klein mitunter wie die Hummeln,

Westindiens Blütenreich durchtummeln
Und köpflich-schöpfisch, schwänzlich-quastisch
Geschmeidlich glänzen, ganz fantastisch.

So bunt, jedoch vergleichsweis riesig,
Die Vögel sind, die paradiesig.
Noch unsre Mütter sahn wir schwelgen
Im Putz von solchen Vogelbälgen.
NB! Des Weibchens schlichte Mode
Bewahrte es vorm frühen Tode.

Nur ungern meldet der Verfasser,
Daß unser Sperling (Spatz, Sperk, Passer)
Als Ahnherr gilt von Fink und Star,
Ja, von der ganzen Vogelschar,
Die, ungeheuer artenreich,
Durchzieht Feld-, Wald- und Gartenreich;
Sagt man doch selbst vom Leierschwanz,
Ein Sperlingsvogel sei er ganz.
Die teilen die Akzentesetzer
In Sänger, Schreier ein und Schwätzer.
Die Schwätzer, schöne Vögel, wohnen
Im Stromgebiet der Amazonen.
Schönschwätzer, wie auch Süß-, Schnell-, Klug-
Und Schreier gibts auch hier genug.

Konservativ bis in die Knochen,
Bleibt alle zweiundfünfzig Wochen
Der Spatz, wo er geboren ist;
Pfeift von den Dächern, lärmt und frißt.
Er pocht drauf, daß der »kleine Mann«
Vom Staate was verlangen kann.

Wer übertrumpft, durch sein schon-hiersein,
Des Staren gültigen Quartierschein?
Wer stiehlt den Bissen von der Gabel,
Pickt Huhn und Meisen unterm Schnabel
Vorweg die hingeworfne Krume,
Und wer brachts dadurch just zum Ruhme,
Im Mund des Volkes allgemein
Ein Sinnbild des Erfolgs zu sein?
Ja, kämen ab und zu nicht Katzen,
Die ganze Welt wär voller Spatzen –
Grad weil es sich nicht würde lohnen,
Auf sie zu schießen mit Kanonen.

Da loben wir doch mehr die nettern –
Die Finken nämlich, ihre Vettern.
Denn schon im März, noch lang vor Tag,
Freut uns ihr schmetternd heller Schlag.
Der Buchfink heißt nur so; denn lesen
Kann nicht ein Wort das kleine Wesen.
Der Schmierfink kann mitunter schreiben,
Doch ließe er es besser bleiben.
Ein hübscher Grünfink oder Zwunsch
Wär manches Vogelfreundes Wunsch.
Im Winter, wenns verschneit und eisig,
Kommt oft zu Tausenden der Zeisig
Und singt vorm reichen Bauernhofe
Bescheiden seine Bettlerstrophe,
Indes, schwarzköpfig, rotberockt,

Der Gimpel feist im Baume hockt:
Als Dompfaff, würdig und geweiht,
Zählt er zur Vogel-Geistlichkeit.
Jedoch, da er kein Kirchenlicht,
Der Gimpelfang Erfolg verspricht.
Er ist ein nettes Tier, ein zahms
Und singt – natürlich nicht gleich Brahms.
Der Girlitz kanns noch wundervoller;
Am schönsten singt der Harzer Roller,

Sein gelber Vetter aus Canarien.
Dem bringen bei die höchsten Arien
Die Züchter, liebe alte Männer,
Die ohne Beispiel sind als Kenner.
Wer sie was fragt, ist schon verloren,
Denn sie erzähln ihm welk die Ohren
Von all den Arten, ihrer Haltung,
Von Stimme, Farbe und Gestaltung.
Das Vogelsterben ist zum Jammern:
Es wurden rarer selbst die Ammern.
Goldammern werden langsam grau,
Sogar in Oberammergau.

Ein jeder Vogel singt zunächst,
Sagt man, wie ihm der Schnabel wächst.
Kreuzfinken freilich wächst er schief.
Bemuttert die Natur sie stief?
In Ehrn der Schnabel ward erworben:
Eh unser Herr am Kreuz gestorben,
Die Vöglein wollten retten ihn,
Bemüht, die Nägel auszuziehn.
Kreuzschnäbel, wie der Volksmund spricht,
Ziehn auf sich Zahnweg, Rheuma, Gicht,
Die sie an unsrer Statt befällt,
Wenn man sie sich im Käfig hält.

Als Musiker-Familien groß
Sind Finken nicht und Gimpel bloß,
Wie bei den Menschen Bach und Strauß:
Der Rotschwanz auch samt seinem Haus
Gab große Sänger zum Theater.
Der Rotschwanz selber zwar, der Vater,
Scheints, wenig Unterricht genoß er,
Doch ließ er seinen Sprößling Sprosser
Ausbilden, wies ja oft der Fall,
Und seine Tochter Nachtigall.
Weit hats gebracht, beim Tonfilm gar,
Sein Vetter, der berühmte Star.

Der Sprosser (oder Philomele)
Hat reines Gold in seiner Kehle.
Er wohnt meist von der Oder östlich.
Die Nachtigall, als Sängrin köstlich,
Ist unscheinbar und stellt nichts vor;
So ists auch oft mit dem Tenor:
Kaum tut der nämlich seinen Mund auf,
Schon ändert sich sein Wert von Grund auf.

So mancher Mensch, der darauf schwört,
Er hab die Nachtigall gehört,
Verfiel nur holdem Selbstbetrug:
Es war die Drossel, die so schlug.
Wenn sich im März der Abend rötet,
Wie feurig süß die Amsel flötet!

Der Star auch, wenn Natur noch zaudert,
Den Frühling von den Dächern plaudert;
Doch hat er, seit sein Ruhm ertönt,
Sich Star-Allüren angewöhnt.
Es geht nicht mehr im alten Turnus
Auf Vortragsreisen unser sturnus.
Der sonst in Feld und Hain gestreunt,
Wird ausgesprrochner Großstadtfreund,
Der, offenbar geschmacksverirrt,
In Straßenschluchten schwirrt und klirrt.
Man klatscht und lärmt und pfeift ihn aus,
Umsonst: der Star hälts für Applaus.
Daß schlecht die Presse von ihm spricht,
Hilft nichts, denn Zeitung liest er nicht.

Wer 'nausschaut in der Früh, den freuts,
Sieht munter er am Fensterkreuz
Die lieben, immer gierigen Meisen
Sich tummeln und was Gutes speisen –
Sofern sie nicht die Gans umdrängen,
Die wir hinaus ins Kalte hängen.
Der Kenner nur sieht es genau,
Obs (größre) Kohlmeis oder Blau-,
Gemeinsam ist die Brust, die gelbe.
sie singen Jahr für Jahr dasselbe;
Doch wenn auch klein ihr Repertoire,
Ists doch stets wieder wunderbar.
Hier fügt mit Recht an der Beschreiber
Spechtmeisen wie den lustigen Kleiber.
So wie die Raben und die Häher
Wird er ein Pflanzer und ein Säer,
Weil er vergißt von heut auf morgen,
Wo er sein Hamstergut verborgen.
Als einziger klettert er kopfunter.
Baumläufer, sonst genau so munter
Doch nicht so bunt, am Stamme hüpfen,
Insekten aus der Rinde lüpfen.

Was wußten wir für lustige Stücklein
Noch von dem listigen Grasmücklein;

Das darf man nicht erwarten länger:
Klein wird die Schar der Gartensänger,
Schwarzplattl, Fitis, Spötter, Müller;
Es ist im Laub schon lange stiller,
Und nur des Weidensängers »zilp-zalp«
Ertönt, Gesang halb und Geschilp halb.

Ums kurz zu machen bei den Lerchen,
Muß man sie arg zusammenpferchen
Und darf von Heide-, Ohren-, Hauben-
Sich keine Schilderung erlauben.
Die Feld- ists, deren Gotteslobin,
Das Menschenherz zu Gott erhoben,
Wenn sie, am Lied emporgeklettert,
Schier unsichtbar in Lüften schmettert.

Die Schwalbe wirkt auf uns poetisch,
Man ehrt sie oft wie einen Fetisch
Und hält es für ein großes Glück,
Kehrt sie ins alte Nest zurück.
Sie kommt erst im April und Mai,
Meist einzeln, höchstens zwei bis drei;
Das alte Sprichwort meint deshalb,
Den Sommer macht nicht eine Schwalb.
Und oft schon im August, im späten,
Sitzt sie zu Tausenden auf Drähten,
Die Urbica und Rustica,
Laut zwitschernd reiselustig da.
Die Urbica, die Mehl-, Dach-, Haus-,
Ist kleiner und schaut schwarzweiß aus.
Die große Rustica, auch Rauch-,
Ist blauschwarz, rostrot, weiß am Bauch.
Von Schwalben trennt ein strenger Regler
Die Mauerschwalb, als echten Segler.
Doch sind sie alle kurz beschnabelt,
Spitzflügelig und schwanzgegabelt
Und tun sich, kümmerlich von Zehen,
Schwer mit dem Gehen und dem Stehen.
Wenn hoch sie oder niedrig fliegen,
Heißts, daß wir andres Wetter kriegen.
Vom Nest der Schwalbe noch ein Wörtel:

Sie macht mit Speichel an den Mörtel.
Ein festes Haus hat seinen Nutzen:
Es braucht nur jährlich frisch Verputzen.
Die Dachschwalb mehr tut als genug noch:
Sie mauerts zu, bis auf das Flugloch.

Das Handwerk, dies nur nebenbei,
Betreiben Sperlingsvögel drei:
Die Weber, Töpfer und die Schneider –
Doch Schlimmes gilts zu künden, leider,
Vom Schrecken aller Gartenbürger,
Dem »Großen Grauen«, unserm Würger.
Der nimmt die Kleinen sich aufs Korn,
Packt sie und spießt sie auf den Dorn.
Beschaut man manchen Spießer näher,
Ist er auch so ein Halsabdreher.

Man brauchte nicht den Brehm zu wälzen,
Man kennt sie selbst, die netten Stelzen;
Die Bach- vor allem, die schwarzweißen,
Auch »Waschermadl« oft geheißen.
Meint man, daß sie ins Wasser kippen,
Sie nur mit ihren Schwänzchen wippen
Und fliegen ein paar Steine weiter;
Sogar bei Regen sind sie heiter.

Man trifft heut manchen Zaungast zwar,
Doch der Zaunkönig, der wird rar,
Der durch die Gärten, grün umbuscht,
So winzig wie ein Mäuschen huscht.
So wärs denn mit den Vögeln aus. –
Halt, halt! Noch kommt der Vogel Strauß,
Der bisher, dumm und ganz verschreckt,
Den Kopf hat in den Sand gesteckt;
Mit ihm erscheint die Straußenschar:

Der Kiwi, Nandu, Kasuar.
Sie hören es von Herzen gern:
Straußfedern sind jetzt unmodern.
Beneidenswert, wär noch zu sagen,
War immer schon der Straußenmagen.
Wohl dem, der frißt, was ihm gefällt,
Und glatt verdaut die zähe Welt!

Die Insekten

Nun gilts, daß einen Blick man werfe
Auf die Insekten oder Kerfe;
Wenn auch darunter viele sind,
Die glaubt zu kennen jedes Kind –
Maikäfer, Schmetterlinge, Bienen –,
Gibts doch auch manche unter ihnen,
Die selbst der hohen Wissenschaft
Noch unerforscht und rätselhaft.
Sechshunderttausend Arten kennt sie;
Ein (strittiges!) System benennt sie
Nach Ordnungen, jetzt sechsundzwanzig,
Umfassend, was da lausig, wanzig
Sich rumtreibt, emsig oder mückig –
Und manche Art billionen-stückig! –,
Vom allerwinzigsten Vertreter
Zu Schrecken, einen Viertelmeter.

Kaum gibt es lieblichere Dinge
Auf Erden, als die Schmetterlinge!
(Welch lauter Name, finden wir
Mit Recht wohl, für dies leise Tier!)
Sie sind, beflügelt, reine Engel,

Sie gleichen Blumen ohne Stengel,
Sie sind betrunken nur von Wonne,
Sie sind die Lieblinge der Sonne,
Kurzum, sie sind fast nicht mehr tierisch
Und wer von ihnen spricht, tuts lyrisch.
Den Schmetterling gibts noch nicht lang. –
Nah scheint uns auch sein Untergang,
Wie überhaupt, wer nicht verblendet,
Sieht, daß es bald, mit Schrecken endet.

Als wir noch warn im Flegelalter,
Was gabs Zitronen-, Segelfalter,
Was sahn wir allenthalben glänzen
An Trauermänteln, Schwalbenschwänzen;
Was steckten wir in unsre Büchsen
An Pfauenaug, Apoll und Füchsen,
Die wir, wies schon die Väter taten,
Erbarmungslos in Äther taten,
Um sie an Nadeln aufzuspießen –
Und die wir dann verstauben ließen.

Das Schönste stirbt – doch hält sich wohl
Das Weißlingspack und frißt den Kohl.

Ei, Raupe, Puppe – wie sichs wandelt,
Ward wissenschaftlich oft behandelt.
Die Auferstehung aus der Larve
Preist gläubig uns des Sängers Harfe.
Doch wird durchaus nicht jedes Ding,
Das sich entpuppt, ein Schmetterling.

Im Lenz die Welt ist voll Rumor.
Und nur der Falter hat nichts vor.
Er fällt drum auf, und gar nicht liebsam,
Den andern Viechern, die betriebsam
Und die ihr Urteil gleich bekunden:
Gewogen – und zu leicht befunden!
Verborgen bleibt ja stets den mehrsten,
Daß grad das Leichteste am schwersten.
Dabei sind unsre nur ein Plunder
Verglichen mit dem Tropenwunder

Der Falter, welche dort voll Feuer
Viel gelber, röter sind und bläuer.
Ach, aus des Lebens raschen Zechern
Macht Folien man zu Aschenbechern!

Die Welt wär um so manches ärmer,
Gäbs nicht die sonderbarsten Schwärmer.
Eh man das erste Kino sah,
War schon der Flimmerschwärmer da.
Der Totenkopf, was nicht vergeß' man,
War kein Husar und kein SS-Mann.
Und war doch unsrer Jugend Held,
Plump surrend durchs Kartoffelfeld.

Wer schwärmt, der spinnt oft schon beinah:
Beim Seidenwurm erfreuts uns ja.
Doch Nonnen, ein verhaßter Orden,
Mitunter ganze Wälder morden.
Und Artverwandte, die nichts schonen,
Ziehn schwarz daher im Prozessionen.
Verbiet dem Seidenwurm, zu spinnen –
Umsonst: ihn treibts dazu von innen.
Das rot und blaue Ordensband
Beim Deutschen immer Anklang fand,
Denn ohne Orden wär kein Mann er. –

Die nächste Sippe sind die Spanner;
Doch wickeln wir, der Raum ist knapp,
Sie zugleich mit den Wicklern ab;
Von diesen dürfte ganz allein
Der Ankerwickler nützlich sein.
Sonst sind sie alle auszurotten:
So Sauerwurm wie Kleidermotten.
Man braucht nicht dem mehr nachzujagen,
Was fliegt – denn nur die Raupen nagen!

Mit Schmetterlingen sind wir fertig.
Mehr machen Fliegen gegenwärtig
Zu schaffen uns, wobei man sieht
Klar der Geschlechter Unterschied:
Der Flieger, der vor Tag und Jahr
Noch klein und unbeholfen war,
Wird, groß und mächtig längst geworden,
Demnächst die ganze Menschheit morden.
Die Fliege, die wir auch nicht lieben,
Ist klein, wie stets sie war, geblieben;
Schmeißfliegen unsre größten heißen –
Die, gottlob, keine Bomben schmeißen.
Zu schaffen Widerwärtigkeiten,
Hat kaum ein Vieh die Fertigkeiten
Wie unsere liebe Stubenfliege.

Sie stört das Kind schon in der Wiege,
Sie kriecht dem Greise auf die Glatze,
Und wo er sicher nicht am Platze,
Da finden wir ihn ganz gewiß
Schön Punkt für Punkt: den Fliegenschiß.
Ganz arg – *ein* Mädchen kann schon schaden –
Sind die Billionen Fliegenmaden!
Daß sie im Leim nicht sterbend pappe,
Haut man die Fliege mit der Klappe.
NB! 's ist längst nicht jeder gut,
Der keiner Fliege etwas tut.
Hatt' Goethe Tausende erschlagen,
Weckt' eine ihn in frühsten Tagen.

Die Fliege trifft man überall;
Am häufigsten ist sie im Stall,
Als fände sie das Glück der Erde
Auch auf dem Rücken nur der Pferde.
Leicht ist man gegen sie gefeit:
Sie fliegt bloß hundert Meter weit.

Noch mehr die Mücken sich erfrechen;
Nur Weibchen, notabene, stechen.
Aus nächster Nähe jedes sticht –
Fernstecher gibts bei Schnaken nicht.
Noch harmlos sind sie, wenn sie summen,
Du scheust sie erst, wenn sie verstummen.
Moskitos säuseln weiter südlich,
Bist müd du, sind sie unermüdlich.
Es stechen durch die dicksten Strümpfe
Die Staunzen unsrer Chiemseesümpfe.
Rheinschnaken ließen Goethen zweifeln,
Ob nicht die Welt gemacht von Teufeln;
Ihn suchten diese Wesen heim
Beim Liebesglück in Sesenheim.
Und Finne gar und Samojede
Liegt mit den Mücken arg in Fehde.

Gern an der Isar wie der Themse
Bei Schwüle naht die Regenbremse,
Zu bremsen unsre Lust am Baden –
Doch Dasselfliegen nur tun Schaden.

Die Eintagsfliege gibts nicht nur
In Politik, Kunst, Literatur;
Für echte ists ein harter Schlag:

Ein Jahr erhoffen sie den Tag,
Daß ihnen Liebesglück begegnet;
Und just der Tag ist dann verregnet!

Libelli sua fata habent:
Der Ameislöwe, trichtergrabend,
Ist Larve einer Art Libellen.
Die Wasserjungfern, Demoisellen,
Erscheinen reizend und jungfräulich;
Doch nah besehn, sind sie abscheulich:
Glotzaugen, bös, voll Mordverlangen,
Und Kiefer, scharf wie Eisenzangen!

An Freßwut nicht zu überbieten
Höchst schauderbar sind die Termiten.
Sie höhlen in den Tropen aus
Oft ganze Städte, Haus um Haus.
Bett, Tische, Stühl, Gebälk und Schwellen
Wird alles von den Raubgesellen
Lautlos in tiefer Nacht erledigt –
Dabei scheints vorerst unbeschädigt:
Erst wenn davon Gebrauch man macht,
Es leer in sich zusammenkracht.
Man braucht gar nichts hinzuzudichten:
Die Hügel sind, die sie errichten,
Vergleichsweis, das ist bare Prosa,
So hoch als wie der Monte Rosa,
Kasernen, muffig und nicht heiter,
Für Millionen Zwangsarbeiter.
Sie baun, doch ohne deren Reiz,
Sich selber einfach ihre Schweiz.
Vor Jahrmillionen vielleicht schon
Erfanden sie den Stampfbeton.
Man meint, daß man vor Augen hätt
Ein einzigs, scheußliches Kazett,
Ein Zuchthaus allergrößten Stiles.
Und leider spricht dafür auch vieles,
Daß all das ohne höhern Zweck.

Sie fressen ihren eignen Dreck,
Weil alles restlos bis zum Schluß
Total verwertet werden muß.
Die Kranken werden zwangsvernichtet;
Und wenn der Tod die Reihen lichtet,
Wird der Verdauung ungerührt
Der »Leichenanfall« zugeführt.
Ein Staat, von dem man böse träumt,
Stramm ausgerichtet, aufgeräumt,
Ganz ohne Herz und ohne Träne –
Doch durch und durch voll Hygiene.
Der Prinzgemahl ist wohl kein Stalin –
Unheimlich ist nur die Gemahlin;
Geheimnisvoll in ewiger Nacht
Sitzt, streng von Militär bewacht
Auf ihrem Throne, finsterbleich,
Wüst aufgeschwemmt und schwabbelweich
Die Königin, um die die Schranzen
Und Zofen, Kammerdiener tanzen.
Sie pflegen sie und bringen Futter.
Die Presse spricht von »Landesmutter«,
Wie überhaupt, was grauenhaft,
Ganz friedlich, scheinbar, tritt in Kraft.
Ein unbeschreibliches Gefüge
Von schlichtem Prunk und wahrer Lüge,

Spontaner List, freiwillgem Zwang
Schafft dichtesten Zusammenhang.

Die Königin ist lang als Braut –
Nicht fett, nein, hübsch und wohlgebaut –
Vor ihrer Hochzeit mit dem Freund
Als Wandervogel rumgestreunt.
Und wir erkennen es mit Graus:
So wachsen Ehen sich oft aus!
Der Bonze nur und der Soldat
Beherrschen diesen Ordnungsstaat.
Wies wirklich ist, kann man nicht fragen:
Der Untertan dürfts doch nicht sagen!
Er ward im Zug der Staatsraison
Ja taub und blind, seit Jahren schon.
Die Leistungen, oft nicht zu fassen,
Macht dieser Staat mit seinen Massen:
Es wird die Königin entbunden
Von Kindern alle zwei Sekunden.

Man hat Termiten auch die »weißen
Ameisen« ehedem geheißen.
Die Forscher hier im Irrtum staken:
Sie sind verwandt mit Kakerlaken.
Zu diesen zählt die braune Schabe

Sowie der schwarze Küchen-Schwabe.
Als »Schaben« gelten auch die Motten.
Den Deutschen soll der »Schwab« verspotten.

Der Heuschreck ist für weite Strecken
Der Welt ein ungeheurer Schrecken.
Denn fällt er übers Grüne her.
Wächst dort sobald kein Grashalm mehr.
Stabschrecken, die schier Furcht einflößen,
Gibts bis zu Generalstabsgrößen;
Dem dürren Aste gleich sie:
Der Fachmann spricht von Mimikry.
Das Vieh verfärbt sich, stellt sich tot,
Schaut schamlos aus wie Mäusekot;
Es ist ihm gleich, wofür's die Welt,
Und wär es blanke Sch . . ., hält,
Dann, wenn vorüber die Gefahr,
Wirds frecher als es vorher war.

Die Neger fressen solche Schrecken
Wie unsereins die Weinbergschnecken.
Johannes auch, so sagt die Chronik,

Der Täufer, aß sie gern mit Honig.
Bei uns, wenns Sommer ist, recht heißer,
Hüpft Graspferd hoch und Warzenbeißer,
Die recht vergnüglich sind und harmlos,
Denn niemals brausen sie als Schwarm los.

Von Grillen ist nicht viel zu sagen:
Wer möchte sich mit Grillen plagen?
Doch jeder Bub hat sie bespitzelt
Und eifrig aus dem Loch gekitzelt.
Das Grillenhäusl, viel zu klein,
Trifft man jetzt leider allgemein.
Kaum könnt drin (weh, wenn sichs vermehrt!)
Ein Heimchen hausen hinterm Herd.

Der Gärtner sieht durchaus nicht gern
Die Maulwurfsgrillen oder Werrn.
Daß nicht zu viele Kerfe wüchsen,
Fängt er sie in Konservenbüchsen.
Ein Weib schlug eine – scheinbar – tot.
Doch welch ein Schreckensanblick bot
Sich kurz drauf dem entsetzten Weib:
Der Vorder- fraß den Hinterleib.
Im Staatsdienst kann, aus Eifersucht
Man sich verzehrn – doch so verrucht
Den Hintern würgend durch den Hals,
Wär ungewöhnlich jedenfalls.

Der Ohrwurm weiß nicht, wenn's wo öhrt,
Daß dazu auch ein Mensch gehört.
Ein Beispiel, daß wir zu der Welt
Des Tiers ganz falsch oft eingestellt.

Entomologisch gälte nie
Der Blasenfuß der Infantrie.
's ist ein Insekt, das zwar nicht raucht,
Doch leider viel Tabak verbraucht.
Zum Ur-Insekt zählt, nur ganz roh,
Das Fischchen und der Gletscherfloh,
Harmlos, die Freude jedermanns.

Nicht so der Pulex irritans,
Der Menschenfloh in unserm Hemd.
Es ist nichts Menschliches ihm fremd.
Leicht hat, erworben irgendwo –
Im Zug, im Bett –, man einen Floh.
Doch bis man ihn dann *hat*, ist schwer.
Knick! Und schon hat man ihn nicht mehr.
Der Floh hat, wie ein Herr Professor,

Ein Saugrohr und verschiedne Messer;
Er macht seit tausend Jahren schon
Die gleiche Operation;
Kaum, daß ihm eine je mißlingt:
Man sieht, wie weits der Facharzt bringt.
Im Zirkus zieht er, als wärs nichts,
Das achtzigfache des Gewichts.
Wo fände sonst wo beim Theater
Man einen so besorgten Vater?
Der Herr Direktor nährt, der gute,
Die Mimen mit dem eignen Blute.

Einst ward uns mancher Floh ins Ohr
Gesetzt – bis man den Krieg verlor.
Wir büßens mit den Läusen jetzt,
Die man uns in den Pelz gesetzt.
Bei den Vertretern beider Läuse,
Der Kopf- sowie der Kleiderläuse,
Ich mich wohl kürzer fassen kann:
Entlaust ist längst der Kriegersmann
Und will von Läusen nichts mehr wissen.
Der Lausbub hat den Kopf voll Nissen.
Sowohl die Wanze wie der Floh
Besaufen sich ganz sinnlos roh.
Die Laus – daher das viele Jucken! –
Trinkt oft, doch nur in kleinen Schlucken.
Die Filzlaus, fortzufahren läuslich,
Läßt nieder sich mitunter häuslich
In Gegenden, so männ- wie weiblich,
Die selbst dem Forscher unbeschreiblich.
Das Lausgezücht verschleppt das Fieber.
Da ist die Schildlaus uns noch lieber,
Die Cochenille, die nicht schädlich,
Verdient ihr Brot mit Färben redlich.

Die Reblaus an die Reben geht,
Obwohl sie nichts vom Wein versteht;

Die Blattlaus bettet sich auf Rosen.
Wir müssen wieder uns erbosen:
Am allerfeinsten frißt sich satt
Der Pöbel, der nichts davon hat!

Schon Goethe sagt, die Läus und Wanzen
Gehörten mit zum großen Ganzen.
Wo's Wanzen gibt, oft ahnt mans kaum
Und denkt auch gar nicht dran im Traum.
Doch aus demselben jäh gerissen,
Weiß mans bestimmt, wenn man gebissen.
Fünfhundertmal des Rüssels Spitze

Ist feiner, als die feinste Spritze.
Bettwanzen sich an Menschen wanzen;
Schildwanzen nähren sich von Pflanzen,
Sie wären lieb, wenn sie nicht röchen
Und über Erd- und Himbeern kröchen.
Die Ruderwanzen (gondola)
Man häufig in Venedig sah.

Die Hüttenwanzen, die bequemen,
Platz in Touristenbetten nehmen.
Es lobte hoch Anakreon
Das Flöten der Zikaden schon.
Doch leicht wirds einem nachts zu viel:
O unglückseligs Flötenspiel!
Mit Kuckucksspeichel überladen
Den Weidenbaum die Schaumzikaden.

Schon sind um vieles wir gescheiter;
Doch rastlos forschen wir noch weiter.
Es harrt als Engerling und Schläfer
Tief in der Erd der Maienkäfer,
Genauer, als je wirs getan,
Erfüllend den Vierjahresplan.
Milliarden werden eine Plage;
Doch gern denkt man der Kindertage,
Wo man dem Kribbel-Krabbel lauschte,
Das aus dem bunten Häuschen rauschte,
Und wo man, lang vorm ersten Krieg
Unschuldig sang: »Maikäfer flieg!«

Längst ist inzwischen Pommerland
Und sonst verschiednes abgebrannt.

Der Käfer ist verschiedner Art,
Bald plump und schlicht, bald schön und zart.
Der ausgeschlüpfte fliegt nicht gleich:
Er ist fürs Leben noch zu weich.
Erst wenn sich seine Schwingen härten,

Braust er durch Wiese, Wald und Gärten.
An Läufern könnten viel wir bieten,
Den Goldschmied etwa und Banditen,
Der mörderisch die Wälder säubert,
Indem er fremde Puppen räubert.
Es wären mehr noch, zähltest du
Vor-, Mit- und Überläufer zu.

Lust, ungesäumt, zum Baden immer
Zeigt der gesäumte Fadenschwimmer,
Es sei denn, in dem Tümpel träf er
Den stärkern Kolbenwasserkäfer.

Der Kleinwelt schöner Schein oft trügt,
Sie tummle friedlich sich, vergnügt:
Sogar beim Taumelkäfer wißt
Ihr nie, obs Freudentaumel ist,
Von Käfern sind nur wenige besser:
Man teilt in Räuber sie und Fresser.
Wir können aus der Riesenschar
Mit Namen nennen nur ein paar.

Der Totengräber, Necrophorus,
Wie der Barmherzigen Brüder Chorus
Bestattet selbst den Bösewicht
Ganz kostenlos, aus Nächstenpflicht.
Jedoch – meist hinken ja Vergleiche –
Er hält sich schadlos an der Leiche.

Wir träumen, arg verliebt wie Schäfer,
Von einem kleinen, süßen Käfer.
Die Wirklichkeit enttäuscht uns roh:
Beim Zuckerkäfer auch ists so.

Den Pillendreher gibts nicht mehr –
Die Pillen stelln Fabriken her.
Roßkäfer kennt man, blau wie Stahl –
Das Stahlroß bringt ihn um sein Mahl.

Der Rosenkäfer, uns zur Lust,
Metallisch prunkt, noch im August.
Als stark noch stand die deutsche Eich,

War sie Hirschkäfers Zauberreich.
Der Weibchenmangel macht den Schröter
Von je zum ärgsten Schwerenöter.
Doch, daß sie tragen ein Geweih,
Die Männchen finden nichts dabei.
Es gibt, in fremden Paradiesen,
Noch schönre Käfer, wahre Riesen.
Der Herkules, der Goliath
Beherrschen dort den Käferstaat,
Der duldet, wenn auch unzufrieden,
Die Dynastie der Dynastiden.

Hast du ein Licht, stells untern Scheffel!
Denk ans Gedicht vom alten Pfeffel:
Die Kröte spieh den Glühwurm an.
Gefragt, warum sie das getan,
Rief sie voll niedrer Seelenruh:
»Du Frecher, warum glänzest du?«

Uns schädlich, aber selbst Genüßler,
Sind kurze wie auch lange Rüßler.
Die Mütter stehln im Wald die Windeln
Schon für die kleinen Wickelkindeln.
Was werden die dann selbst? Verbrecher!
Teils Blüten- und teils Rippenstecher.
Jahrtausende vor Gutenberg
Im Forst man einen Käferzwerg
Bei seinem finstern Handwerk traf:
Buchdrucker war er, Typograph.
Der Förster, wenn er ihn erkennt,
Samt seinem Druckwerk ihn verbrennt.
Der Böcke Fühler sind sehr groß;
Gefühllos ist der Stumpfbock bloß.
Es tickt die Uhr, es pfeift der Sturm:
Im Holze pickt der Totenwurm,
Und es erschrickt der arme Schläfer –
Doch sind es nur die Werkholzkäfer,

Die sich, höchst abgefeimte Tropfen,
Durch Zeichen so zusammenklopfen.
Als unfein gilts, im Gehn zu essen;
Der Holzwurm aber geht im Fressen
Und macht so keinen Gang vergebens. –
Nichts gilt der Lauf des Müller-Lebens;
Doch mit dem Mehlwurm, fett von Kleie,
Den Laubfrosch füttert auch der Laie.
Die Fliege, die uns spanisch kommt,
Dem Heiltum wie dem Geiltum frommt.

Kartoffelkäfer sind verrucht:
Zwar nicht geschätzt, doch sehr gesucht.

Zum Schluß den Liebling aller Damen,
Das Tierlein mit den hundert Namen:
Marienkäfer – 's Frauenkäferl
Vom Verslein mit dem Honighäferl;

Die Zukunft kündend es uns narrt.
Im Winter trifft mans ganz erstarrt,
Doch braucht es nur ein bißchen Wärme.
Daß es vergnügt durchs Zimmer schwärme,
Genügt ein leiser Hoffnungshauch. –
Ach Gott, den brauchten wir oft auch!

Im Sommer, manchmal schon im Maien,
Wenn der Kaffeetisch steht im Freien,
Schwiwirrt herbei, bald grad, bald scheps
Die böse Wespe (bairisch: Weps)
Und hindert uns mit tausend Tücken,
In Frieden weiter frühzustücken.

Erregen sie uns auch die Galle,
Gallwespen sind sie doch nicht alle.
Die macht, durch wunderliche Finten,

Aus Eichenlaub den Saft zu Tinten.
Die Wespe, ein gescheites Tier,
Zerkaut das Holz zu Holzpapier.
Scharf ist ihr Stachel, groß die Fresse:
Kurzum, das Vieh ist von der Presse!
Es ahmte nach von der Kanaille
Das Menschenweib die Wespentaille.
Als Knaben stocherten wir fest
In das bekannte Wespennest;
Mit Stangen kamen wir und Kübel –
Die Wespe aber nahm das übel:
Der Wespenstich tut scheußlich weh –
Nur Bienenstich iß zum Kaffee!

Geschrieben hat mit Bienenfleiß
Man das, was man von ihnen weiß.
Daß Imken eine alte Mode,
Hörn wir bereits vom Hesiode.
Auch warfen sich mit aller Wucht
Die Römer auf die Bienenzucht –
Die Konku-Biene nämlich bloß
Wird, umgekehrt, durch Unzucht groß. –

Bereits der göttliche Vergil
Schrieb über Bienen ziemlich viel;

Auch Maeterlinck erwähn ich nur
Und Busch in seinem »Schnurrdiburr«;
Des süßen Bonsels sei gedacht,
Den *eine* Biene reich gemacht –
So daß ich mich auf sie verlaß
Und dementsprechend kürzer faß.
Nichts bei den Bienen gilt der Mann.
Das Weibchen hat die Hosen an –
Und voll –, wie in der Schul wir lernten:
Mit Blütenpollen, die sie ernten.

Der Honig wird, das ist verbürgt,
Aus einer Blase ausgewürgt,
Das Wachs, genauso wichtig auch,
Schwitzt unser Bienchen aus dem Bauch.
Und noch ein Nutzen, unbewußt:
Im Flug befruchtet sie den Blust.

Sie darf nicht naschen nach Belieben,
Streng ist ihr Sammeln vorgeschrieben:
Vergißmeinnicht kommt heute dran
Und morgen Obst und Löwenzahn.
Die Biene kann, durch Tanzen, sprechen:
»Die Weiden blühn schon an den Bächen!«
Doch ach, was scheint ein Sonnenleben,
In Wahrheit ists ein Nonnenleben.
Zur mühevollsten Arbeit nur
Darf sie heraus in die Natur
Und muß mit ihrem süßen Seim
Am Abend pünktlich wieder heim.
Sie weiß die Stunde ohne Ührchen;
Von weither findet sie ihr Türchen.
Jung macht, in Zellendüsterheit
Sie Hausdienst und Fabrikarbeit.
Auf Millimeter gehts genau
Beim unentwegten Wabenbau.
In Weiselwiegen, wohlbehütet,
Die Königin wird ausgebrütet.
Alljährlich, daß man nichts vergesse,
Im Lenz kommt in der Bienenpresse
Der Leitaufsatz: »Volk ohne Raum!«
Dann hält die Biene nichts im Zaum,
Der Schwarm fliegt aufgeregt davon,

Die Königin sucht ihren Drohn,
Der noch im Sterben ruft: »Oo Kön-
igin, das Leben ist doch schön!«
Ein Weilchen noch die andern Drohnen
Metsaufend, dreist, den Stock bewohnen
Und wolln ihr Honigbrot geschmiert –
Bis die Geduld das Volk verliert
Und in der wilden Drohnenschlacht
Die ganze Bande niedermacht.
Beim Schwärmen oft gehts auch nur kurz:
Mord gibt es und Regierungssturz.
Vielleicht kehrt Gott uns arme Wesen
Als Imker auch so mit dem Besen,
Sein Pfeifchen rauchend mit Gebrumm:
»Ein fleißigs Völkchen, aber dumm!«
Und wiederum mit höherm Blick
Schaut dann das ewige Weltgeschick
Auf Gott als einen braven Mann,
Der auch nicht, wie er möchte, kann.
Drum, wer geboren ist als Biene,
Der lebe still und diene, diene.
Ein Bienenvolk, es wehr sich nicht.
Denn es muß sterben, wenn es sticht.
Ja, von den Bienen, weil man weiß,
Sie tuns, verlangt man letzten Fleiß.

Jedoch die faulen Hummeln-Hummeln,
Die läßt man frei die Welt durchbummeln.

Wo Leute durcheinanderlaufen,
Spricht man von einem Ameishaufen.
Ganz falsch! Die Ameis kennt genau
Den Weg und findet ihren Bau.
Vom Emsenvolk schon vieles las man
Von Escherich und Pater Wasmann.
Es lebt im Holz wie unterm Steine,
Im Gras, man meint, dort seien keine;
Daß doch sie sind, weiß man gewiß
Erst nach dem Biß oft, besser: Piss.
Meist aber hausen sie im Hügel.
Die Männ- und Weibchen kriegen Flügel,
Mit denen sie, vor Lust nicht klug,
Ausschwärmen wild zum Hochzeitsflug.
Millionenweis gehn sie zugrund,
Denn Schwärmerei ist ungesund.
Es fällt, vom siebten Liebeshimmel,

Aus allen Wolken das Gewimmel.
Höchst spießig werden nun die Emsen,
Voll Arbeitswut, nicht mehr zu bremsen.
Von höhrer Bildung nicht die Spur –
Ameisengeist beseelt sie nur.
Dies Werkzeug Gottes macht uns bange
Die Ameis ist fast nur noch Zange.
Sie bildet ihre eignen Truppen
Für Pilzzucht, für Transport der Puppen;
Für Jugendpflege, für Verwaltung,
Für Ameisgäste, Sklavenhaltung
Gibts durchwegs eigene Ministerien.
Im Winter sind dann große Ferien:
Teils stirbt sie, als Soldat und brav,
Teils hält sie kältestarren Schlaf.
Falsch von der Grill ist das Gedicht:
Vorräte heimst die Ameis nicht!
Doch leider ist ihr Bau die Wiege
Unzweifelhafter Angriffskriege.
Die Waldameis, die einzig nützt,
Kriegt ihren Staat vom Staat geschützt.
Doch wie wir auch die andern hassen,
Wir müssen sie gewähren lassen
Trotz ihrer fürchterlichen Ziele –
Denn leider sind es viel zu viele.

Die tiefre Forschung hat entdeckt:
Es liegt die Zukunft beim Insekt.
Das amoralisch, seelenlos
Doch lebenszäh, in Technik groß,
In Massen lebt, leicht auszurichten
Und, schon genormt, dienstzuverpflichten.
Ist dieser Ausblick auch nicht heiter,
Noch leben wir – und leben weiter!

Niedere Tiere

Dem stolzen Weidmann ist es klar:
Nur Hirsche, Auerhahn und Aar
Sind Hochwild; alles andre gilt
Dem Jäger schon als Niederwild.
Der Forscher aber sagt uns glatt,
Daß nieder, was ein Rückgrat hat.

Darunter zählt, zu unserm Kummer,
Sogar Languste, Krebs und Hummer,
Die freilich, das weiß jedes Kind,
Dafür piekfein in Schale sind.
Und obendrein mit gutem Kern.
Wie aß mein Vater Krebse gern!
Auf viele Arten wußten wir
Zu stehlen dieses Krustentier.
Papa, moralisch sehr bekümmert,
Hat seufzend Krebs um Krebs zertrümmert.
Nicht »heute rot und morgen tot!« –
Den Krebs verfärbt erst Todesnot.
Das Tier geht rückwärts – und zurück:
Krebspest verdarb das Kindheitsglück;
Wohin man schaut, die Bäche leer –

Der böse »Krebs« wächst um so mehr.
Auch hier ists standesunterschiedlich:
Die Krabbe ist zwar manchmal niedlich,
Ein Lüstling nähm sie gern zur Kebse –
Doch zählt sie schon zum höhern Krebse,
Verglichen all den Gliederfüßern
Im salz'gern Wasser wie im süßern.

Was litt man unter dem Gequassel
So mancher Luftschutz-Keller-Assel!
Doch hatte wer den rechten Riecher,
Mied wenigstens er braune Kriecher.
Der Tausendfuß geht wie im Traum;
Mit welchem Fuß grad, weiß er kaum.
Spräch ihn wer plötzlich darauf an,
Wärs um sein Wandern schon getan.

Die Spinnen, wie auch fein sie spönnen,
Wir nie ganz lieb gewinnen können.
Sie scheinen friedlich nur vereint:
Sie sind einander spinnefeind.
Ihr Leben, tausendfach bedrängt,
Stets nur an einem Faden hängt.
Viel leichter sich ihr Brot gewinnen
Die Arten, die Intrigen spinnen.

Der Schneider oder Weberknecht
Ist, »Tod« genannt, ein Leberecht.
Langbeinig stolpert er herum.
Der Aberglaube bringt ihn um.
Ein Skorpion – ist meine Frau!
Drum weiß ich alles ganz genau,
So auch, daß ihm zum Sehen taugen
Haupt-, Scheitel-, Nebenseitenaugen.
Als Mittel, uns zu züchtigen, nennt
Ihn schon das Alte Testament.
Doch seither sind wir sehr ertüchtigt:

Man hat mit ärgerem uns gezüchtigt.
Den Bücherskorpion man fand
Wohl schon in manch vergilbtem Band.
Das Tier liest selber keine Silben,
Geht nur auf Jagd nach Büchermilben,
Fast unsichtbaren, winzigen Wesen,
Die gleichfalls keine Bücher lesen:
Höchst mittelbar ernähren nur
So viele sich von Literatur!
Taranteln sich durch Hintertreppen-
Romane als Metaphern schleppen.

Die Milbe, zu der Menschheit Freude,
Verbreitet Schimmel, Krätze, Räude.
Mit Sauberkeit bringt man sie weg.
Doch die ist zwecklos, wenn ein Zeck
Vom Baum sich wirft, uns ins Genick
Und bohrt sich ein und frißt sich dick.
Mein Rat: Gleich, ehr er sich verschlupft,
Mit (demokratischem) Öl betupft!
Auch hier hat Säuberung wenig Sinn,
Läßt man dabei das Köpfchen drin.

Wir könnten Berge von Gewürmen
Vor den erstaunten Lesern türmen,

Doch nein! da Viele Würmer hassen –
So, daß sie sich verbrennen lassen
Und mit unlauterm Wettbewerbe
Den Wurm betrügen um sein Erbe. –

Den Egel setzt der wackre Bader
An Zahngeschwulst und goldne Ader.
Als Borsten- zur Familie Ringel-
Zählt auch der Regenwurm, der Schlingel,
Der, ohne weitre Weltanschauung,
Nur durch die Kräfte der Verdauung
Nach Gottes ewigem Ratschluß handelt,
In reinen Humus uns verwandelt.
Auch dankt man ihm, daß überdauert,
Was die Antike bildgehauert:
Mit einer Schutzschicht zu verkleistern
Wußt er das Werk von hohen Meistern.
So kann die Wissenschaft uns lehren
Auch niedre Tiere hoch zu ehren.

Doch dürft es sich nicht ziemen ganz.
Daß über Spulwurm, Pfriemenschwanz,
Dreh-, Fadenwurm bei aller Liebe
Zum Wurm ich einen Bandwurm schriebe.
Es muß, ein Würmchen abzutreiben,

Im allgemeinen strafbar bleiben;
Beim Bandwurm aber ists erlaubt,
Wenn man sich von ihm schwanger glaubt.

Ein Ei – recht gern! Doch Millionen,
Die im Gemüs, im Obste wohnen,
Trichinen, die im Fleische stecken?!
Auch laß von keinem Hund dich lecken!
Jedoch kann Götz von Berlichingen
Zwar wurmen, doch nicht Schaden bringen.

Die armen Laien! Wie weit reicht ihr
Schulwissen, etwa übers Weichtier?
Dabei sehn wir doch grade heute:
Mollusken sind die meisten Leute –
Ganz niedre Tiere von Natur,
Von Halt und Rückgrat keine Spur!
Es hats nicht weit von Kopf bis Fuß

Der Kopffuß, wie der Nautilus,
Der Tintenfisch, auch Sepia –
Daß der kein Fisch ist, weiß man ja;
Sowie der Kraken Hauptvertreter,
Der Kalmar (Fangarm achtzehn Meter!).

Auch unterscheiden Laien schwer,
Was Schnecke und was Muschel wär:
Aus wendeltreppenartigem Haus
Schaut mit dem Kopf der Schneck heraus.
In Doppelschalen ein Gefluschel,
Ein lappriges: das ist die Muschel.
Bunt ist der Schnecken Vielerlei;
Manch goldiger Schneck ist auch dabei.

Der Purpurschnecke roter Ruhm
Glänzt aus dem grauen Altertum.
Die Kauri-Schnecke lang man sah
Als Bargeld an in Afrika.
Der Dollar brachte sie zum Wanken,

Verkracht sind alle Muschelbanken.
Die Schneck ist gut als Hühnerfutter
Doch ißt, in kräutergrüner Butter,
Manch einer auch die Schnecken gern,
Die man im Weinberg grub des Herrn.
Doch als noch kühner gelten dürfte
Der, der die erste Auster schlürfte,
Die selbst dem Wunsche sich verschließt,

Daß man, im Dutzend, sie genießt.
Manch einer, wenn man ihn erschösse,
Nicht diesen eklen Schleim genösse;
Ein andrer ißt, in zweiter Wahl,
Selbst miese Muscheln, frisch vom Pfahl.

Einst gab es Perlen, treu und fleißig,
Die zwanzig Jahre dienten, dreißig,
So übersteigend den Bedarf,
Daß man sie vor die Säue warf.
Die echte Perl' ist von Natur
Fremdkörper in der Muschel nur,
Die ihn – so siehts die Menschenseele –
Geduldig umformt zum Juwele.
Der Finder erst macht sie unsterblich,
Beziehungsweise kunstgewerblich.

Vom Roten Meer bis Koromandel
Blühn Perlenfischerei und Handel.
Vom Meeres- bis zum Weibesbusen;
Was für ein Rackern und ein Schmusen!
Selbst Perlen-Mutter gilt noch viel;
Den Vater läßt man aus dem Spiel.

Des Meeres und der Liebe Wellen
Sind voll von putzigen Gesellen;
Chinesen essen die Seegurken.
See-Igel sind gemeine Schurken;
Ihr Stachel ist der großen Zeh
Tut manchmal noch nach Wochen weh.
Der Seestern ausschaut wie gewalkt;
Er ist von Jugend auf verkalkt.
So mancher Mensch, der ziemlich hohl,
Befindet sich grad deshalb wohl,
Solang von seinem Element
Ihn nicht ein böses Schicksal trennt.
So gehts vermutlich auch den Quallen,
Die prächtig auf den Fluten wallen.
Doch was man dann am Strande findet,
Ein Schleim nur ists, der traurig schwindet,
Gehaltlos und unappetitlich –
Just, wo's Bewährung gälte, sittlich.

Korallen gibt es in zwei Typen:
Die Einzelwesen, die Polypen,
Sind reizend bunde Ungetümchen
Und wunderliche Mauerblümchen.
Die andern, jedem ein Begriff,
Baun sich, als Stöcke, Riff um Riff,
In Tausenden von Tiergeschlechtern,
Weshalb auch kostbar sind die echtern.
Die falschen sind im Augenblick
Gemacht in einer Glasfabrik.
Der Badeschwamm, der bestbekannte,
Aus Syrien kommt und der Levante,
Wo schmutzig oft die Menschen laufen,
Weil sie die Schwämme gleich verkaufen.
Nun aber Schluß, sonst kriegt mans über:
Wir sagen deshalb – Schwamm darüber!

Noch gäbs die Protozoen freilich.
Doch, daß wir schließen, ist verzeihlich.
Denn es ist fraglich, erstens, ob
Wir noch das nötige Mikroskop
Und zweitens die Geduld auftreiben,
Dergleichen Tiere zu beschreiben,
Die grenzen schon an das Gemüsische,
Ja schließlich gar ans Metaphysische.

Das ganze Tierreich zu durchfurchen,
Vom Elefanten bis zum Lurchen,
Vom Zeisig bis zum Schmetterling –
Ich weiß, war ein gewagtes Ding.
Dem Leser Dank, der mitgemacht.
Ich wünsch ihm herzlich: Gute Nacht!

Register

Aufgeführt sind hier nur die wichtigsten Tiere.
Halbfette Ziffern verweisen auf eine Zeichnung.

Inhalt